이야기에는 사람의 마음을 움직이고 변화시키는 힘이 있습니다.

오래 전 수렵과 채집으로 살아가던 시절, 사람들은 모닥불 주위에 모여 앉아 여자들은 저녁을 준비하고 남자들은 사냥에 대한 이야기를 나눴다. 부족의 연장자들은 그 자리에서 그들의 신과 조상들을 둘러싼 신화와 전설을 이야기했고 사람들 간에 여러 가지 지식과 경험들을 교환했다.

〈스토리텔링의 기술〉

당신이 이끌고자 하는 사람들과 커뮤니케이션하는 최상의 방법은 '스토리'를 활용하는 것이다. 스토리를 활용하는 근본적인 이유는 실용적이며 교육적인 데에 있다.

〈스토리로 승부하라〉

분석은 머리를 자극할 수는 있지만 대개의 경우 마음으로 향하는 길을 제시하지는 못한다. 사람들에게 활력과 열정을 갖고 행동하도록 독려하고 싶다면 머리보다는 마음에 도달해야 한다.

〈스토리텔링으로 성공하라〉

이야기는 오랜 옛날부터 변화를 효과적으로 수행하는 도구로 사용되었다.

〈변화를 돕는 특별한 이야기〉

원수를 사랑하라거나 자비심을 베풀라는 말을 추상적인 논리로 했을 때, 누구든지 이성이 작동하지 감성이 작동하지 않는다. 반면 구체적인 인물과 사건으로 형상화했을 때 신도들은 마음으로부터 감동한다.

〈문화 콘텐츠, 스토리텔링을 만나다〉

'진실'이라는 소녀를 불쌍하게 여긴 '우화'라는 소년은 그녀를 일으켜 세워 자신의 집으로 데리고 갔다. 소년은 방안을 따뜻하게 데워 소녀의 얼어붙은 몸을 녹여주었고, 따뜻한 식사를 마련해주었다. 그런 다음, 소녀의 몸 위에 '이야기'라는 황금빛 망토를 입혀 다시 마을로 돌려보냈다.

〈유대인 구전 이야기〉

멘토

곽숙철 글 ― 설레다 그림

감성이 있는 행복한 성공이야기

틔움

미래를 계획하고 꿈꾸기 보다 현재의 삶에 안주하던 샐러리맨 **설토**.
여행 작가를 꿈꾸며 여행사에 입사했으나, 이어지는 야근과 과도한 업무량,
인간관계로 인한 스트레스로 설토는 자신이 원하는 것이 무엇인지
생각할 겨를도 없이 숨가쁘게 살아간다.

설토는 오랜 친구이자 회사 동료인 **당근**의 제안으로 블로그를 만들어 취미 삼아
여행과 관련된 글을 쓰기 시작했다.
며칠 밤낮을 고생하며 블로그의 틀을 잡았고,
여행사에서 쉽게 얻을 수 있는 다양한 자료들을 바탕으로
솔직한 여행기들을 꾸준히 올리자 이웃과 댓글이 신기할 정도로 늘어갔다.
이제 블로그는 설토의 유일한 즐거움이 되었다.

그러던 어느 날,

설토는 블로그를 통해 **솔개**를 알게 된다.
솔개는 설토가 어렵고 힘들 때마다 삶에 지혜가 되는 이야기를 재미있게 들려주며
희망과 용기를 북돋아 줬다.
그렇게 솔개는 설토의 멘토가 되었다.
평범한 샐러리맨 설토와 멘토 솔개,
그 두 사람의 이야기는 이렇게 시작되었다.

A.M. 7:30

우물 팔 시간이 없어요 ·14
5년 동안 집수리를 전혀 못한 주인 ·18
날 수 없는 야생오리 ·20
평범한 상인과 위대한 장군 ·22
산은 자라지 못하지만 나는 자란다 ·24
맹랑한 꼬마 월트 디즈니 ·26
닭 둥지 속의 독수리 ·28
렌즈 뚜껑부터 여세요. ·30
하루 만에 1억을 버는 비법 ·32
7번째로 들어온 경주마 ·34
등불을 들고 불씨를 찾는 김서방 ·36
비타민 V 결핍 증후군 ·38
달팽이의 꿈 ·44
세일즈 퀸을 꿈꾼 신입사원 ·46
뾰족탑에서 눈을 떼서는 안돼 ·50
어부의 생활과 백만장자의 꿈 ·52
강을 건너려면 배부터 마련해라 ·54
수레와 씨름하는 꼬마 도요토미 히데요시 ·56
모차르트의 강습료 ·58
벼룩의 교훈 ·60
마라톤 선수의 목표 ·68

A.M. 11:00

독수리의 가슴을 겨눠라 ·76
카네기홀 가는 방법 ·78
처칠, 새로운 실수만 한다 ·80
37년간 하루 14시간씩 연습했는데 천재? ·82
아놀드 슈왈제네거의 이두박근 ·84
김광석의 1,000회 공연 ·86
골을 넣지 않는 것이 더 어려워 ·88
발사믹 식초로 화장품을 만든 보디숍 ·90
식사 후에는 그릇을 닦아라 ·92
사오정의 벤치마킹 ·94
우울증에 걸린 코미디언과 의사 ·96
개미에 대한 연구 보고서 ·98
미켈란젤로, 나 자신을 속일 수는 없다 ·100
맹인 가수 스티비 원더 ·102
성공한 사람은 독서광 ·104
예술가가 된 베짱이 ·106
한계는 없다 ·108
창의력 주식회사 ·110
찰리 채플린의 색다른 시각 ·112
미켈란젤로의 다비드상 ·114
파도가 우리를 두려워하고 있다 ·116
'덕분에'와 '때문에' ·118
자연의 섭리대로 ·120
리츠 칼튼 호텔의 청소부 ·122
소크라테스의 지혜 ·124
혼자 할 수 있는 일은 없다 ·126
시험 문제를 함께 푸는 지혜 ·128
행복은 전염된다 ·130
경비원과 청소부에게 인사하는 CEO ·132
사자를 이긴 모기 ·136
밤나무 도둑으로 몰린 장자(莊子) ·138
흔들리는 뱃전에서 쉬는 사공 ·140
목숨을 걸고 신뢰를 지킨 알렉산드로스 대왕 ·142

목차

P.M. 3:30

늙은 말을 움직이게 하는 파리 •150
포기한 사람, 멕키스트 •152
구워진 도자기 •158
구겨지고 더럽혀진 100 달러 지폐 •160
상처 없는 새는 죽은 새들 뿐이다 •162
낫을 가는 시간 •164
최고의 오케스트라 지휘자가 된 회사원 •166
집 짓기를 포기하지 않는 거미 •168
대추 한 알에 들어 있는 것 •170
고양이 먹이가 된 참새 •172

A.M. 1:00

오프라 윈프리 쇼에 출연한 조혜련 •178
마치 사랑하는 것처럼 •180
레알 마드리드 골잡이 푸스카스의 꿈 •184
인형극 극장 만들기 •186
상반신 만으로 1천미터 암벽에 오르다 •188
사과를 하루에 10,000개 파는 상인 •190
죽을 때까지 쫓는다 •192
1+3=5 ?! •194
1009번 거절당한 KFC 창업자 커넬 샌더스 •196
Do it now! •198
자신의 성공스토리를 써라 •200

에필로그 •206

* 일러두기

이 책에 나오는 모든 내용은 블로그 포스팅과 덧글로 소통하는 형식을 갖추고 있습니다. 그래서 현실감을 높이기위해 일상 생활에서 흔히 사용되는 구어체 표현을 그대로 사용한 경우도 있습니다.

가독성을 위해 이름, 회사, 기관 등의 고유명사에 대해 영문 병기를 하지 않았습니다. 정확한 영문표기가 필요하신 독자께서는 출판사로 문의해 주시기 바랍니다.

A.M. 7:30

아침 7시.

여전히 이불 속에 있는 설토.

설토는 회사에서 주관한 해외 여행상품 개발 프로젝트에서 최우수상을 받았다. 엄청난 상금을 받은 설토는 회사 모든 직원으로부터 선망의 대상이 되었다. 여행상품 개발을 위해 애썼던 지난 날을 회상하며 흐뭇한 미소를 짓던 설토…
자명종 소리에 빨간 눈을 번쩍 뜨며 짜증스럽게 일어난다.

"앗. 꿈이었군." 눈을 비비며 시계를 다시 본다.

"헛. 지각이다."

설토의 눈이 더 빨개졌다. 놀란 설토는 대충 세수를 하고는 옷을 빠르게 챙겨 입고 뛰어나간다. 집 앞 횡단보도. 설토가 건너려 할 때 빨간 불이 켜지고, 눈 앞에서 지하철 역까지 가는 마을버스를 놓친다. 지하철역에 도착해서도 승차장을 향해 뛰어내려갔지만 스크린도어가 눈 앞에서 닫힌다. 옆에 있던 아저씨가 끼어들며 발을 밟고는 도리어 가는 길을 막았다며 "버럭!" 화를 내고 지나간다.

이런, 뭔가 이상하다. 아침부터…

"오늘은 해외 여행상품 개발 프로젝트 결과를 발표하는 날인데…
아니야! 아니야!"

고개를 절레절레 흔들며 마음을 바꿔먹고 회사에 도착한 설토. 회사 동료들은 "이번, 기획서 괜찮던데?" "이것 때문에 휴가까지 내서 현장취재를 다녀왔는데 안되면 안되지. 꼭 될 거야" "기대가 큽니다." 라며 설토를 격려한다. 설토는 마치 자신의 프로젝트가 이미 채택된 듯한 느낌이다. 입가에 미소가 번진다. 자기 자리에 앉은 설토는 컴퓨터를 켜고 메일 박스를 열며, 멘토 솔개를 처음 만나게 된 일부터 상품개발팀으로 옮겼을 때의 일들을 되돌아본다.

3년 전 여름,
설토는 입사동기이자 고등학교 친구인 당근의 권유로 블로그를 시작했다. 블로그의 제목은 '마음여행자'. 설토는 항상 마음 속 깊은 곳에서 나오는 이야기를 하고 싶었다. 하지만 회사에서는 대부분 상대의 기분에 맞는 이야기만을 하며 지낼 뿐이다. 그리고 설토는 여행도 좋아했다. 여행사에 들어온 가장 큰 이유도 그것이지만, 여행사라고 해서 아무나 여행을 자주 할 수는 없었다. 이런 것들이 마음 여행자라는 제목으로 블로그를 시작하게 된 이유다. 설토는 원래 여행작가를 꿈꿨지만 여행사 총무팀에 입사한 뒤 여행은 꿈도 못 꾼 채 바쁜 현실 속에서 숨가쁘게 살고 있었다. 설토는 마음 여행만이라도 자유롭게 할 수 있기를 바라며 매일 새벽 1시, 일기 쓰듯 블로깅을 즐기게 되었다.

12월의 추운 겨울 밤, 한 해를 돌아보던 설토는 연초에 작성한 위시리스트를 들여다 봤다. 이룬 것이 거의 없다. 오늘의 포스팅은 위시리스트를 정리하며 어느 것 하나 이룬 것이 없어서 우울하다는 내용이다. 휴우~ 설토는 한숨을 쉬며 인터넷 창을 닫으려 하는데, 댓글 하나가 눈에 들어왔다.

솔개였다.

그 동안 솔직하고 진실한 설토의 일기를 주의 깊게 지켜보던 솔개는 그날 처음으로 설토의 글에 댓글을 단 것이다.

설토와 솔개의 인연은 그렇게 시작되었다.

솔개의 첫 번째 조언은
'우선 하고 싶은 것 1~2개를 골라 지금 바로 시작하라는 것'이었다.
하지만, 솔개의 글에 설토는 이렇게 대답했다.

일이 너무 많아요.
시간이 없어요.
바빠서 친구 만날 시간도 없다고요.

바쁘다고요?
너무 바빠서 새로운 일을 생각해 볼 시간이 없다고요?
마치 성공하기 위해서 바쁜 게 아니라 바빠서 성공할 시간이 없다는 이야기 같네요.
이 이야기를 한 번 들어봐요.

한 선교사가 아프리카 오지로 복음을 전하러 갔답니다. 그 지역 원주민들은 아침에 눈을 뜨면 먼 길을 걸어가 물을 길어오는 게 하루의 일과였어요. 선교사는 그들이 매일 똑같은 일을 반복하는 게 너무도 힘들어 보였지요. 혹시나 해서 선교사는 동네 주변을 샅샅이 뒤져보다가 드디어 수맥을 발견했어요. 기쁜 마음에 선교사는 마을의 추장을 찾아가 이렇게 말했어요. "마을 어귀에서 수맥을 발견했으니 우물을 팝시다." 추장은 내일 부족 회의를 열어 상의해 보겠다고 했어요. 선교사는 당연히 우물을 파자는 의견에 동의할 것으로 믿었지요. 하지만 부족 회의의 결과는 뜻밖이었답니다. 추장이 뭐라고 말했는지 알아요?

"물 길러 다니느라 바빠서 우물을 팔 시간이 없답니다."

설토님.
미래를 바꾸려면 바쁜 일보다 중요한 일을 해나가야 합니다.
중요한 일이 무엇인지 생각해 보세요.

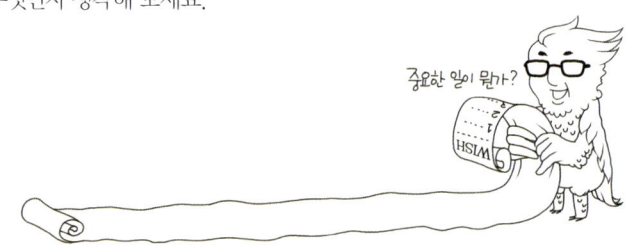

A.M. 7:30

우물 팔
시간이
없어요

음... 알겠어요. 하지만 지금은 어려워요.
좀 더 여유가 생기면 할게요.
아무리 중요한 일이라도
지금은 도무지 못하겠어요.

설토끼님 미루다간 평생 못하게 될 수 있어요.

어떤 샐러리맨이 생애 처음으로 집을 사기 위해 엄청난 빚을 졌답니다. 거래가 끝난 후 부동산 중개인이 그를 쳐다보면서 이렇게 말했지요. "이 집은 수리해야 할 곳이 많습니다. 65년이나 되었으니까요. 고쳐야 할 곳의 목록을 만들어서 이사 후 6개월 안에 고치도록 하세요. 꼭 6개월 안에 다 고치세요." 샐러리맨은 심각한 표정을 지으며 대답했습니다. "네, 오래된 집이네요. 고칠 곳도 많아 보여요. 하지만, 이 집을 사느라 돈을 하도 많이 빌려서 더 이상 집수리를 위해 쓸 돈이 없어. 돈을 조금 모은 다음에 천천히 고쳐 나갈게요." 중개인이 빙긋이 웃으며 다시 말했어요.

"천천히는 못 고칠 겁니다.
6개월만 지나면 모든 것이 익숙해지거든요.
문을 여닫을 때마다 나는 '삐그덕'거리는 소음조차도 말입니다."

결국 그 샐러리맨은 5년 후 다시 집을 팔 때까지 아무것도 고치지 못했다고 해요. 사람에게는 항상성(恒常性)이라는 게 있어서 금세 현실에 익숙해져 버린답니다. 마음 먹었을 때 바로 실행해야 해요.

A.M. 7:30

5년 동안
집수리를
전혀 못한
주인

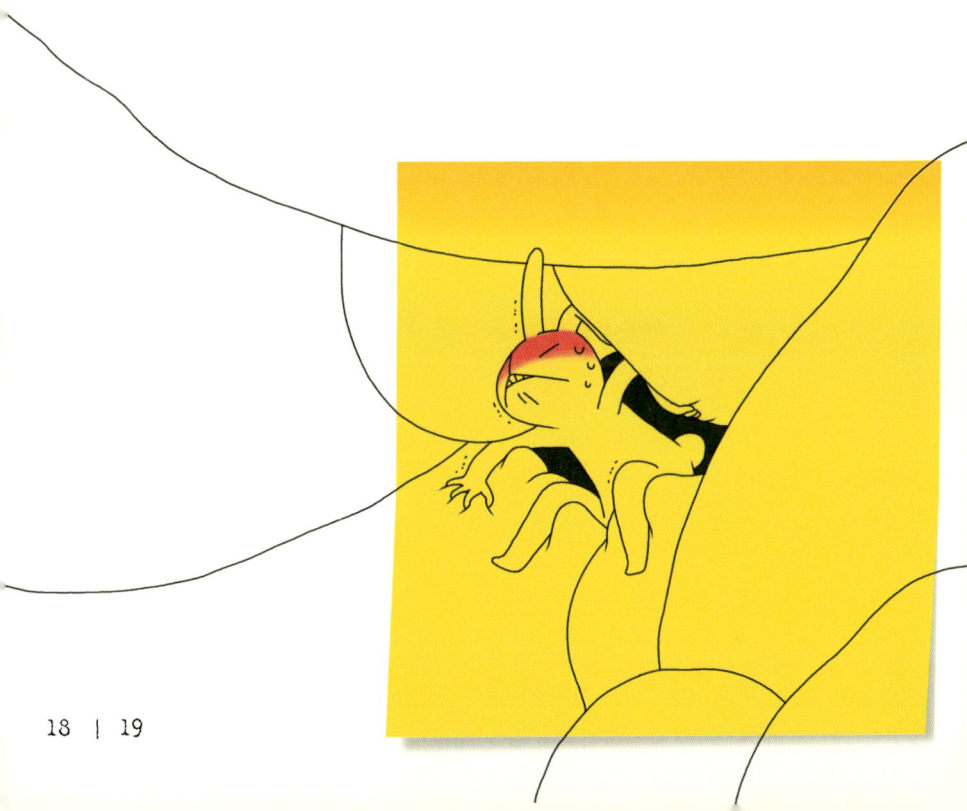

네…
하지만, 요즘은 마음 먹기가 싫어요.
남들은 영어공부다 SNS다 난리지만…
뭐 달라질게 있을까요?
그저… 월급 받는 만큼, 딱 고만큼만…

설토님,
현실에 안주하고 있다간 여기 이 야생오리처럼 될지도 몰라요.

늦은 가을 어느 날이었어요. 야생오리들이 먹을 것이 풍부한 어느 농장에서 큰 잔치를 벌이고 있었습니다. 야생오리들은 혹한을 피해 멀리 남쪽으로 날아가기 전에 마음껏 곡식을 먹고 힘을 축적하거든요. 이튿날, 오리들은 하나 둘씩 무리지어 따뜻한 남쪽나라로 날아가기 시작했습니다. 그런데 오리 한 마리가 떠날 생각을 하지 않는 거예요. 떼를 지어 날아가는 오리 친구들을 지켜보며 맛있는 곡식을 조금만 더 먹고 가겠다고 버티고 있는 것이었습니다. 하루 더, 하루 더… 이렇게 시간을 보내는 사이 찬바람이 불기 시작했어요. 오리는 주위에 아무도 남지 않았음을 알아차리고는 남쪽으로 가기 위해 날아올랐지요. 그런데, 날 수가 없었어요. 살이 너무 쪄서 날개가 무게를 감당하지 못했던 거예요.

　　　결국 그 야생오리는 평생 집오리로 살아갈 수밖에 없었답니다.

이 이야기 속의 오리처럼
지금의 상황이 만족스럽다고
현실에 안주하다가는
큰 낭패를 볼 수 있어요.
그때 가서 후회해도 소용없죠. 일단 목표를 세우세요.
그 목표가 설토님을 이끌어줄 거예요.

목표가 저를 이끌어 준다고요?
어떤 목표를 세우죠?
저는 여행사의 총무팀 대리일 뿐이에요. ㅠㅠ

자신을 너무 과소평가하지 말아요.
누구에게나 가능성은 있어요.

한 남자가 죽어 천당에서 성 베드로를 만났습니다. "성 베드로여, 저는 오랫동안 군사학에 관심이 많았습니다. 인류 역사상 가장 위대한 장군이 누구였는지 알려주십시오." 성 베드로가 어떤 사람을 가리키며 말했지요. "아주 쉬운 질문입니다. 그 장군은 바로 저 분입니다." 그 남자가 다시 말했어요. "예? 그럴 리가… 제가 저 남자를 잘 알거든요. 그는 그저 평범한 상인일 뿐입니다." 그러자 성 베드로가 이렇게 말했답니다.

> "맞습니다. 하지만 그에게 장군이 될 기회가 있었고,
> 그가 노력했더라면 반드시 역사상
> 가장 훌륭한 장군이 되었을 것입니다."

자신이 없다고요?
가능성은 누구에게나 있습니다.
문제는 꿈과 목표를 명확히 하는 거예요.

꿈과 목표요?
매일 비슷한 일들을 반복하며 지내다 보면,
그런 고민할 시간이 없어요.
그리고 저는… 특별히 잘하는 것도 없어요.

잘 하는 게 없다구요?!
우선 뚜렷한 목표를 가져보세요.
목표를 갖고 노력한다는 것 자체가 의미있는 일입니다.

1940년대 초, 두 청년이 처음으로 8,848미터의 에베레스트산 정상 정복에 도전했답니다. 하지만 결과는 실패였죠. 산을 내려오며 한 청년이 말했어요.

"에베레스트, 너는 자라지 못한다.
하지만 나는 자란다!
그리고 반드시 다시 돌아올 것이다!"

10년 후, 그 청년은 에베레스트에 돌아왔고 1953년 5월 29일 마침내 등반에 성공했어요. 이것은 셰르파였던 텐징 노르가이와 함께 세계 최초로 에베레스트에 오른 에드먼드 힐러리에 관한 이야기랍니다.

성공을 향한 도전을 시작해봐요.
물러서지만 않는다면 오르지 못할 산이 없어요.
성공도 마찬가집니다.

산은 자라지 못하지만 나는 자란다

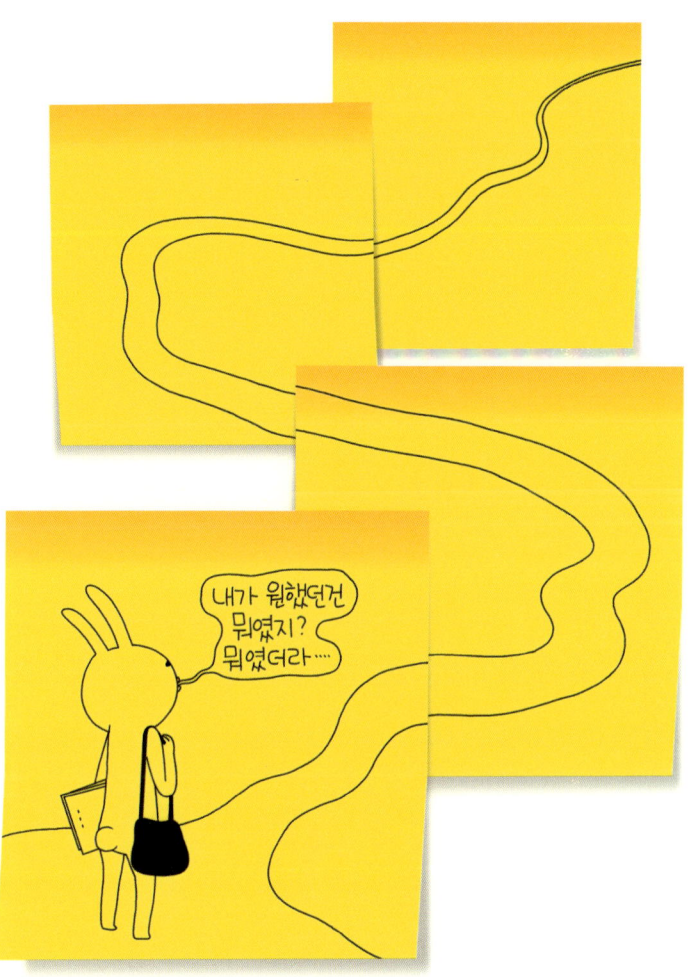

도전이라…
총무팀장이나 한번 도전해볼까요? ㅋㅋ
도전해 볼만한가???

∧∧

우선 무엇이든 시작해보세요.
해보지도 않고 할 수 없다고 단정하지는 말고요.

미국의 한 서커스단이 어느 마을을 찾았답니다. 그런데 트롬본 연주자에게 문제가 생겨 연주를 못하게 됐어요. 다급해진 단장이 관객들에게 물었어요. "혹시 여러분 가운데 트롬본을 연주할 수 있는 분이 있습니까?" 그러자 한 꼬마가 손을 들었어요. "제가 한번 불어보겠습니다." 그런데 트롬본을 넘겨 받은 꼬마가 전혀 불지 못하는 거예요. 짜증 난 단장이 말했답니다. "아니, 트롬본을 불지도 못하면서 불 수 있다고 왜 거짓말을 했니?" 꼬마가 당당하게 대답했지요.

"저는 제가 트롬본을 불 수 없는지를 몰랐을 뿐입니다."

바로 월트 디즈니의 이야기예요.
할 수 있는지 없는지는 해봐야 알 수 있겠죠?
우선 해보세요!

맹랑한
꼬마
월트 디즈니

알고보니 총무팀장은 사장님 조카아들의 사촌 매제의…
그 자리도 아무나 할 수 있는 건 아니더라고요.ㅠㅠ

알겠어요.
그렇다고 포기할 수는 없죠.
세상에 미리 결정된 것은 아무 것도 없어요.

시골의 한 농부가 우연히 독수리 알을 주워 닭 둥지에 두었어요. 얼마 후 알에서 새끼 독수리가 태어났고 닭 둥지에서 태어난 새끼 독수리는 다른 닭들과 똑같이 행동했지요. '꼬꼬댁' 울기도 하고, 다른 닭들과 마찬가지로 날지도 못했으며. 땅에 떨어진 곡식이나 곤충을 쪼아 먹으며 자랐답니다. 그러던 어느 날 새끼 독수리는 하늘을 올려다보다가 넓고 넓은 하늘에 큰 원을 그리며 늠름한 자태로 날고 있는 독수리를 보았어요. 그리고는 수탉에게 물었죠.

"저게 뭐예요?" 수탉이 세상 물정을 다 아는 듯한 목소리로 대답했어요.
"으응, 독수리야. 세상에서 가장 위대한 새지."
"정말 멋져요. 나도 저렇게 되고 싶어요."
"애야, 헛된 꿈을 꾸지 말아라. 저들은 우리와는 다른 족속이야." 이렇게 수탉이 타일렀답니다.

그러나 새끼 독수리는 그날부터 나는 연습을 시작했지요. 아무도 가르쳐주지 않았고, 누구도 응원해주지 않았지만 날고 싶다는 꿈을 갖고 열심히 연습했어요.

그리고 마침내 창공을 훨훨 날 수 있게 되었답니다.

날겠다는 꿈을 갖고 꾸준히 연습하지 않았다면
독수리는 평생 날지 못하고 닭들과 함께 살았을 거예요.
끈질기게 노력하는 사람만이 성공합니다.

제가 그 독수리일수도 있겠네요. ㅋㅋ
그럼 오늘부터 날기 연습부터 해야 하나요? 퍼덕퍼덕~
결재를 잘하기 위해 사인 연습이라도… 헤헤~

^ ^

한 사진 작가의 이야기를 들려줄게요.

세계적으로 유명한 사진작가가 강연을 마치고 청중들의 질문을 받고 있었어요.
청중 가운데 한 사람이 질문을 했습니다. "선생님, 좋은 작품을 찍기 위해 제일
먼저 해야 할 일은 무엇입니까?" 사진작가는 빙그레 웃으면서 이렇게 답했어요.

"카메라 렌즈의 뚜껑을 여는 겁니다."

어떤 위대한 일도 시작이 있어야 가능한 법이에요.
사진을 찍으려면 카메라 뚜껑부터 열어야 하고,
통나무집을 지으려면 나무부터 베야 하지 않을까요?

설토님.
결재 사인 연습도 좋고,
회전의자 돌리는 연습도 좋아요. ^^
무엇이든 시작해 보세요.

렌즈
뚜껑부터
여세요.

그렇다면 이것 저것 시작해 보는 게 좋겠네요.
어차피 인생은 '한 방'이잖아요.
큰 것 하나만 걸리면…

'한 방'이라고요? 이 이야기를 한 번 들어볼래요?

한 번에 일확천금을 벌어 순식간에 억만장자가 되고 싶은 사람이 있었답니다. 그는 억만장자가 되는 방법을 연구하기 위해 서점에 갔죠. 한눈에 쏙 들어오는 책이 있었어요. 바로,《단 하루 만에 1억 원을 버는 비법》이었답니다. 그런데 그 책에는 부록이 있었어요.

《감옥에서 잘 지내는 비법》

'한 방'을 노리다가 '한 방'에 가버린 사람들도 많습니다.
이 세상에 그냥 되는 일은 없어요.
노력하는 사람만이 성공할 수 있답니다.

하루 만에
1억을
버는 비법

노력도 필요하지만,
그래도 운이 따라줘야 하지 않을까요?

맞아요.
운도 필요하죠.
하지만, 행운에만 의지해서는 안되겠죠?

행운을 꿈꿨던 한 청년의 이야기입니다. 아파트 7층에 살던 그 청년은 어느 날 낮잠을 자다 꿈에서 숫자 7을 선명하게 보았답니다. 게다가 일어나서 달력을 보니 7월 7일 이었고요. 시계는 7시 7분을 막 지나고 있었답니다. 엄청난 행운의 조짐이라 믿은 그 청년은 전 재산을 들고 경마장으로 갔다고 해요. 그리고는 7번 말에 갖고 있던 돈을 모두 걸었지요. 그런데 결과가 어떻게 된 줄 아세요?

7번 말이 일곱 번째로 들어왔지 뭐예요.

운도 중요하지만,
노력 없는 성공은 없답니다.
행운도 노력하는 사람에게나 따라오는 것이고요.
행운에 기대지 말고 지금부터 설토님이 진짜 원하는 것을 찾는 일에 집중하세요.

제가 진정으로 원하는 것.
그게 뭘까요?
그러고 보니 정말 진지하게 생각해 본 적이 없는 것 같아요.

자신이 진정으로 원하는 것을 모른다면
이런 경우는 아닐까요?

옛날 하루 종일 농사일로 고생한 김서방이 저녁 식사 준비를 하기 위해 부엌으로 갔어요. 밥을 하려고 하는데 문제가 생겼지 뭐예요. 아궁이에 묻어 둔 불씨가 꺼져 있었던 거예요. 김서방은 등불을 들고 밤길을 나섰어요. 십 리 떨어진 최서방네로 불씨를 구하러 갔어요. 최서방은 등불을 든 김서방을 보자 어이없다는 듯이 말했어요.

"손에 든 등불의 불씨는 어쩌고 이 먼 곳까지 왔는가?"

설토님. 혹시 지금 자신의 손에 등불을 들고 불씨를 찾고 있는 것은 아닌가요?
자신의 내면을 잘 들여다 보세요.
그러면 설토님이 진정으로 이루고 싶은 게 무엇인지 찾아낼 수 있을 거예요.

A.M. 7:30

제가 진정으로 이루고 싶은 것,
꿈을 말하는 건가요?
이 나이에 꿈을 가지라는 게…ㅠㅠ
저는 회사 다니면서부터 꿈은 애당초 접었어요.

퇴직한 지 얼마 안 된 한 중년의 사나이가 종일 머리도 아프고 입맛도 없고 눈도 침침하고 허리도 아프고… 온몸이 다 아팠던 거예요. 그래서 병원에 찾아갔지요. 의사는 이렇게 진단했습니다. "비타민 V가 모자라는 것 같습니다." 그 사람은 눈이 둥그래져서는 이렇게 말했지요. "비타민 B나 비타민 C는 들어 보았지만, 비타민 V는 처음인데요." 그러자 의사가 이렇게 답했답니다.

"여기서 V는 'Vision'의 약자입니다.
선생님은 다름 아닌 꿈을 잃어버렸기 때문에 온 몸이 아픈 겁니다."

혹시, 설토님도 이 환자처럼 '비타민 V 결핍 증후군'에 걸린 것은 아닐까요? 꿈을 갖는 것은 굉장히 중요합니다.

A.M 7:30

여기 달팽이 이야기 한 번 들어보세요.

어느 이른 봄, 달팽이가 사과나무를 기어오르고 있었어요. 달팽이가 느릿느릿 위를 향해 올라가고 있을 때 나무껍질 틈새에서 벌레 한 마리가 나와서 달팽이에게 이렇게 말했지요. "너는 쓸데없이 힘을 낭비하는구나. 저 위에는 사과가 하나도 없어!" 그러나 달팽이는 계속 기어오르면서 말했답니다.

"내가 저 꼭대기에 도착할 즈음엔 사과가 열릴 거야."

사과나무를 기어오르는 달팽이처럼
꿈이 있어야 목표와 열정이 생긴답니다.
설토님, 의심하지 말고 일단 꿈부터 꾸세요.

A.M. 7:30

열정은
꿈과 목표가 있어야 발휘될 수 있는 것?

네, 이왕이면 큰 꿈을 꾸세요.

젊은 여성 한 명이 어느 화장품 방문 판매 회사 영업사원으로 입사한 후 2주쯤 지나 최우수 판매사원을 뽑는 사내 행사에 참석했어요. 한 여성이 최우수 판매사원으로 뽑혀 박수를 받으며 단상으로 올라가 왕관을 쓰고는 CEO로부터 명품 핸드백을 선물로 받는 모습을 봤어요. 그녀는 그 순간 분명한 꿈을 갖게 되었어요.

"나도 내년에는 꼭 최우수 판매 사원이 될 거야."

그녀는 입사한 지 얼마 되지 않았고 아직 제품을 하나도 팔아본 경험이 없었어요. 그래서, 그녀는 꿈과 목표를 이루기 위해 그 해의 세일즈 퀸을 열성적으로 쫓아다니면서 판매에 관한 모든 것을 배웠다고 해요. 머뭇거리는 고객을 뜨겁게 설득하고, 거절하는 고객을 친구로 만들고, 어떤 고객이든 존중하고 사랑해서 자신의 고객으로 만들었지요. 결국, 그녀는 1년 후 세일즈 퀸이 되었고, 나중에는 회사까지 설립하여 CEO가 되었다고 합니다. 그녀가 바로 메리 케이 화장품의 설립자인 메리 케이 애쉬 회장입니다.

메리 케이 애쉬 회장의 이야기처럼 분명한 꿈과 목표를 가져야만 열정이 생기고, 성공에도 이를 수 있답니다.
설토님. 당신의 꿈은 무엇인가요?

세일즈 퀸을
꿈꾼
신입사원

제 꿈요?
… 사실은 여행작가였어요.
그래서 여행사에 입사했고요
그런데 꿈과 현실은 다르더라고요.
꿈을 잊은지 제법 됐죠.ㅠㅠ

여행작가라고요? 설토님에게도 멋진 꿈이 있었네요.
하지만, 바쁜 일상에 치여 꿈을 키우지 못하며 살았군요.
꿈을 놓치지 않는 방법을 알려드릴게요.

옛날에 한 소녀가 살았답니다. 소녀는 마을 인근의 숲 속 산책을 좋아했어요. 아침에는 숲 속의 다람쥐와 놀기도 하고 오후에는 시원한 나무 그늘 밑에서 낮잠을 자고는 했어요. 어느 날 소녀는 평소보다 숲에 더 깊숙이 들어가 보기로 했어요. 그러나 이내 하늘이 어두워졌고, 소녀는 길을 잃고 말았지요. 눈에 보이는 것이라고는 주변의 커다란 소나무들과 아득하게 멀리 보이는 마을 교회의 뾰족탑뿐이었어요. 소녀는 겁이 나서 울기 시작했죠. 그런데 문득 교회의 뾰족탑이 자기가 사는 마을에 서 있다는 것을 깨달은 거예요.

"그래, 뾰족탑을 향해서 곧장 걸어가면 돼.
탑에서 눈을 떼지 않으면 집을 찾을 수 있을 거야."

소녀는 서둘러 길을 떠나 줄곧 뾰족탑만 바라보면서 걸었고, 결국 마을을 찾아 집까지 무사히 도착할 수 있었다고 해요.

설토님, 그 동안 바빠서 꿈을 생각할 시간이 없었군요.
하지만, 아직도 늦지 않았어요.
포기하지 마세요.
지금이라도 꿈을 위해 노력하세요.
성공은 이렇게 시작되는 거예요.

뾰족탑에서
눈을
떼서는
안돼

아……
벌써 9070번째
문이라구~

솔개님, 성공이 뭐죠?
돈을 많이 버는 것이 성공인가요?
열토는 성공한 건가요?
먹구름처럼 성공하고 싶지는 않아요. -_-

자신만의 성공기준을 정하는 것은 아주 중요한 일이에요.
어느 기업가가 작은 해안 마을의 어부와 대화를 나누고 있었어요.

"고기 잡는 시간 외에 무얼 하세요?" 기업가가 물었어요. "맛있는 저녁 식사 준비를 해서 친구들을 초대하죠. 함께 술 마시고 기타 치며 놀다 보면 하루가 금방 가요." "저런! 그러면 안돼요. 고기 잡는 시간을 좀 더 늘리세요. 그래야 고기를 더 많이 팔아 수익이 늘어나고, 그래야 좀 더 큰 배를 살 수 있죠. 큰 배로 돈을 더 많이 번 나중에 수산회사를 하나 차릴 수도 있어요. 그럼 당신은 사장님이 되는 거죠." 기업가가 잘난 척하며 훈수를 했어요. "음… 그렇게까지 되려면 얼마나 걸릴까요?" 어부가 되물었어요. "아마 15년에서 20년은 열심히 일해야죠." "그런 다음에는?" "다음에는… 뭐… 바랄 게 있을까요? 당신은 수백만 달러를 버는 부자가 되었으니…" "수백만 달러를 버는 부자는 어떻게 살죠?" "부자가 되면 다들 전원생활을 하려고 하죠. 시골에서 늦잠을 즐기며 낚시도 하고, 친구들과 함께 어울리며 술도 마시고 기타 치며 놀고 그러는 거죠." 이 말을 들은 어부는 빙긋이 웃으며 기업가에게 이렇게 말했어요.

"저는 이미 그렇게 살고 있는걸요."

어떤가요?
본인만의 성공 기준을 가져야 흔들리지 않는답니다.
어떤 것이 성공인지 설토님 스스로 정의해 보세요.
열토에게도 한번 물어보세요.
열토의 성공기준은 무엇인지?

자신만의 기준,
꼭 찾아야해요

> 어부의 생활과 백만장자의 꿈

그러면 저는 여행작가가 되는 것이 성공일 거예요.
그 꿈을 이루고 싶어요.
할 수 있을까요?? 자신이…

그래요.
쉬운 것이 어디 있나요?
하지만, 용기를 내세요.

목장 주인이 되는 꿈을 가진 청년이 있었어요. 돈을 조금 모은 청년은 소를 한 마리 사 왔지요. 그런데, 청년은 소 한 마리가 겨우 들어가는 조그만 외양간에 소를 집어 넣고는 근심에 빠졌어요. 외양간 옆을 지나던 한 노인이 왜 그런 표정으로 있느냐고 물었지요. 청년은 "앞으로 소가 수십, 수백 마리로 늘어나면 이 좁은 외양간으로는 어림도 없을 것 같아서요. 걱정돼요." 청년의 말에 노인이 이렇게 되물었어요. "여보게, 강을 건너려면 무엇이 필요한가?" 청년이 대답했어요. "배가 필요하지요." "배는 어디 있나?" "없는데요."

"자네는 지금 배도 없는데 어찌 강을 건너려고 하는가?
우선 오늘 사 온 소를 잘 키우게나.
그러다 보면 다른 소도 사올 수 있을 것이고
외양간도 곧 고칠 수 있을 걸세."

시작도 하기 전에 미리 겁부터 내지 마세요.
우선 가장 기본적이고 쉬운 것부터 시작해 보세요.

A.M. 7:30

훌륭한 여행작가가 되려면 무엇을 먼저 해야할까요?
여행을 많이 다녀야 겠죠?

그렇죠.
여행을 많이 다니다 보면, 작가로서 필요한 관찰력을 쌓는 데 도움이 될 거예요.
기회는 저절로 오지 않아요. 노력하다 보면 기회가 올 것이고 어떻게 준비해야 하는 지도 알게 될 거예요.

우리에겐 원수이지만, 원수에게서도 배울 건 배워야겠죠? 일본을 통일하고 임진왜란을 일으킨 도요토미 히데요시의 어릴 적 이야기예요. 어린 히데요시가 무거운 수레를 끌고 가는데 눈앞에 경사가 심한 오르막길이 나타났어요. 히데요시는 혼자서 그 길을 오르기는 힘들겠다고 생각하고 지나가는 사람에게 도움을 청했어요. 그러나 다들 바쁘다며 아무도 도와주려 하지 않았어요. 히데요시는 '세상은 참 냉정하구나' 하고 느꼈어요. 그러고는 "할 수 없지. 나 혼자 올라가는 수밖에" 하고 중얼거리면서 혼자서 언덕길을 오르기 시작했는데 어린 히데요시가 땀을 뻘뻘 흘리며 수레와 씨름하는 모습을 보고 사람들이 하나 둘씩 몰려들기 시작했어요. "꼬마야, 힘내렴. 내가 뒤에서 밀어주마" 하며 너도나도 힘을 보태준 덕분에 히데요시는 무사히 언덕길을 오를 수 있었답니다.

> 그때 히데요시는 '처음부터 부탁하면 아무도 상대해 주지 않지만
> 내가 열심히 노력하면 사람들이 모두 나서서 도와주는구나.
> 이것이 세상 이치네' 하고 깨달았어요.

우선 시작하세요. 여행을 많이 다니는 거예요.
그 경험이 큰 도움이 될 거예요.
또 여행을 하다 어떤 인연을 만날지도 모르잖아요.
설토님은 여행사에 다니니 더 유리하지 않을까요?

거기라면…

하지만, 여행사라고 누구나
다 여행을 자주 가는 건 아니에요.
저는 총무팀이라 여행 갈 기회가 거의 없거든요.
그런데 솔깨니임~ 얼마 전 상품개발팀에 자리가 났는데…
한 번 지원해 볼까요? 거기 가면 공짜로 여행할 수 있는 기회가 많거든요.

네. 좋은 기회이긴 하지만,
조금 신중하게 생각해 보세요.

모차르트 이야기가 도움이 될까요? 모차르트는 누군가가 자신을 찾아와 음악을 배우고자 할 때면 이렇게 물었다고 해요. "예전에 어디에선가 음악을 배운 적이 있습니까?" 그리고는 유명한 음악가에게 배운 적이 있다고 하면 강습료를 두 배로 요구했다는 거예요. 사람들은 모차르트의 그 같은 처사가 부당하다고 생각했답니다. 이미 배운 적이 있으면 훨씬 가르치기 쉬울 텐데, 기본적인 것조차 모르고 찾아오는 초보자의 두 배나 되는 강습료를 받는 이유를 알 수 없었기 때문이지요. 그러나 모차르트는 이렇게 이야기했습니다.

"예전에 음악을 배웠던 사람일수록 더 힘든 작업을 거쳐야 합니다.
그 사람에게서 버릇 든 찌꺼기를 걷어내야 하거든요.
이미 생긴 버릇을 버리는 것이 새로 배우는 것보다 훨씬 어렵습니다."

상품개발부는 총무부와 완전히 다를 거예요.
상사 눈치나 보다 시간 되면 바로 퇴근하고,
인터넷을 뒤적거리고,
연월차 휴가를 꼬박 챙기며 생활할 수는 없을 거예요.
상품개발부는 실적에 따라 평가 받는 치열한 곳이거든요.
타성에 젖은 총무부에서의 생활방식을 버려야 할 지도 모릅니다.

이런 각오가 있다면 지원해 볼만하죠.

실적에 따라 평가 받는 치열한 현장이라…
흠… 겁나요. ㅠㅠ

누구나 환경 변화를 두려워하죠. 하지만 가능성이 있다면 도전해 보세요.
잠재력이 있음에도 두렵다는 이유로 망설이는 것은 어리석은 일이에요.

벼룩 실험 이야기를 해줄게요. '벼룩 여왕'으로 유명한 미국의 루이저 로스차일드 박사는 어느 날 벼룩의 점프력을 실험했어요. 벼룩을 탁자에 놓고 그 옆을 손바닥으로 한 번 치자 벼룩이 뛰어올랐어요. 그 높이는 놀랍게도 자신의 키보다 몇 백 배가 넘는 약 30cm 정도였죠. 이런 엄청난 높이의 점프는 벼룩에게 일종의 단백질 유전자가 있기 때문에 가능하다고 해요. 이번에 그는 한 무리의 벼룩을 실험용 대형 용기에 집어넣고, 15cm 높이에 투명한 유리를 덮어놓았어요. 그러자 벼룩들은 쉴새 없이 유리 덮개 높이까지 뛰어오르며 '탁탁' 부딪히는 소리를 냈습니다. 그런데 시간이 지나고 나서 이 소리가 잦아들자 그는 유리덮개를 열어보았어요. 벼룩들은 여전히 뛰고 있었지만, 놀랍게도 벼룩의 뛰어 오르는 높이가 유리 덮개 근처까지로 일정했어요. 충분히 용기 밖으로 빠져나올 수 있는데도 벼룩들은 덮개에 머리를 부딪히지 않으려고 한 거죠. 로스차일드는 한 가지 실험을 추가하기로 했어요. 벼룩이 들어 있는 용기 밑에 알코올램프를 두고 불을 붙였어요. 5분도 채 안 되어서 용기는 뜨거워졌고 모든 벼룩들이 자연스레 생존본능을 발휘하기 시작했어요.

벼룩들은 머리가 유리 덮개에 부딪히든 말든 최대한 높이 뛰었고,
결국, 모두 용기에서 빠져 나왔답니다.

실토님. 도약할 수 있는 잠재력과 가능성이 있음에도 타성에 젖어 살고 있지 않나 생각해봐요. 겁내지 말아요.
실험 용기 밖으로 뛰어나온 벼룩처럼 우리에게도 발 밑의 불이 필요할 때가 있어요.
지금이 바로 그 기회일지도 몰라요.

A.M. 7:30

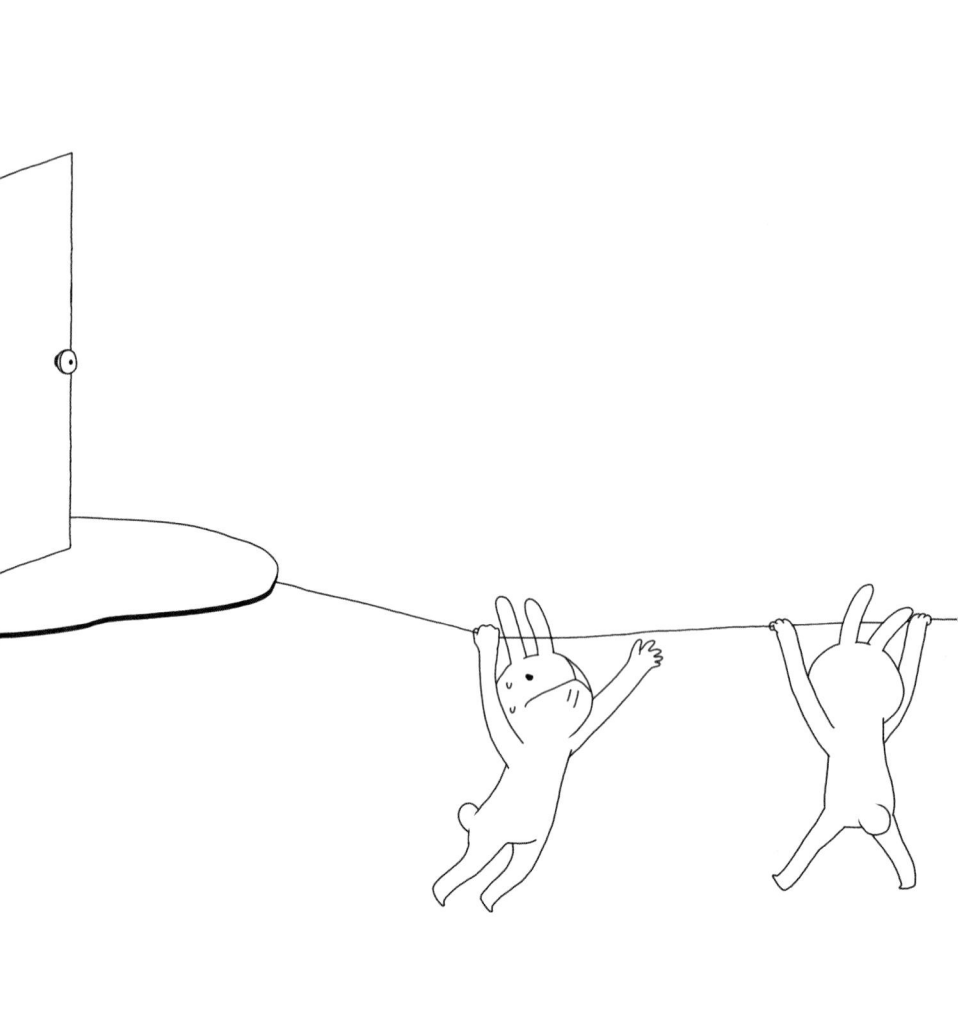

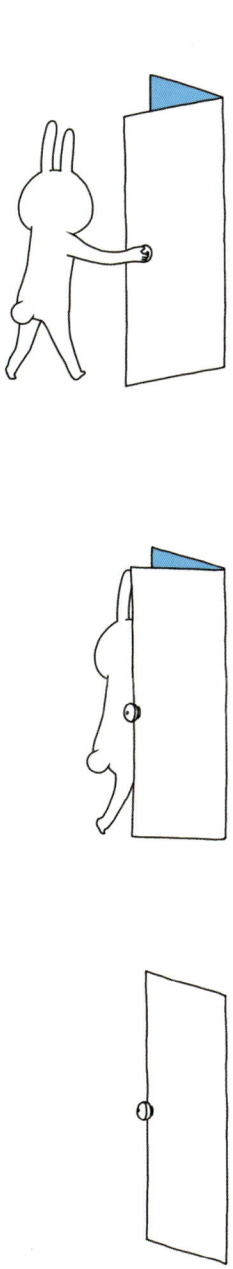

솔개님~ 상품개발팀으로 옮겼어요. 축하해주세요! 으샷~
내일부터는 새벽에 일어나 영어학원에 다닐 거예요.
2년 내에 영어 실력을 원어민 수준으로 끌어 올리려구요. 으쓱~

축하해요. 결국 실행에 옮겼군요.
영어 공부, 새로운 목표가 생겼네요.
원어민 수준… 새벽 공부… 둘 다 쉽지 않겠는데요. ^^
이런 건 어떨까요?

무명에 가까웠던 야마다 혼이치라는 일본 마라톤선수가 1984년 도쿄 국제초청 마라톤대회와 1986년 이탈리아 국제초청마라톤대회에서 우승한 후 그 비결을 이렇게 밝혔다고 해요.

"저는 매번 시합을 앞두고 차를 타고 마라톤 코스를 둘러봅니다. 코스마다 눈길을 끄는 목표물을 정해 두기 위해서죠. 예를 들어 첫 번째 목표는 은행건물, 두 번째는 큰 나무, 세 번째는 붉은 집 등 나만의 표식을 만드는 거예요. 이렇게 풀코스에 걸쳐 곳곳에 나름대로 목표물을 설정해 두고 경기가 시작되면 100미터를 달리는 스피드로 첫 번째 목표지점을 향해 돌진해요. 첫 번째 목표지점에 도착한 다음엔 같은 속도로 두 번째 목표지점을 향해 달리구요. 이런 식으로 40킬로미터가 넘는 풀코스를 작은 코스로 나누면 훨씬 수월하게 달릴 수 있습니다.

처음에는 멋모르고 40킬로미터나 떨어진 결승선 테이프를
목표로 삼고 달렸는데, 그랬더니 겨우 몇 킬로미터 달리고 지쳐버려
더 이상 뛸 수가 없더라고요."

실현 가능한 목표로 시작해 보세요.
그래야 지치지 않고 계속 나아갈 수 있거든요.
새벽보다는 저녁이나 점심시간을 활용해 보고요.
1주 혹은 1개월 간격으로 영어 학습 목표를 세워보세요.

솔개를 만나고, 상품개발팀으로 옮기게 되기까지의 시간이 엊그제 같은데, 벌써 2년이 지났다.

상품개발팀으로 온 것은 설토 인생의 커다란 전환점이었다. 그 때 옮기지 않았다면, 설토는 지금까지도 반복되는 일상에 찌들어 하루하루를 무의미하게 살았을지도 모른다.

하지만, 이제 설토는 상품개발 팀장이 되어 여러 가지 여행상품 개발 프로젝트를 진행하고 있고, 파워블로거로써 많은 이들에게 여행과 관련된 유용한 정보를 제공하며 교류하고 있다.

지금까지 어렵고 힘들 때마다 자신에게 용기와 희망을 불어넣어줬던 솔개가 있어 여기까지 올 수 있었던 듯하다.

잠시 추억 속에 젖었던 설토는 오전에 팀원들과 해외여행상품 개발프로젝트 회의를 진행했다. 설토의 해외여행상품 개발프로젝트 기획안이 채택되면 마케팅 제안서를 제출해야 했다. 팀원들은 마케팅 제안서 작성에 필요한 기발하면서도 참신한 아이디어를 쏟아냈다.

회사에서도 처음 개발되는 해외 여행상품이기에 설토의 팀원들은 사명감을 갖고 더욱 더 열심히 일해왔다. 설토는 자신을 믿어주는 팀원들이 있어 고맙기만 하다.

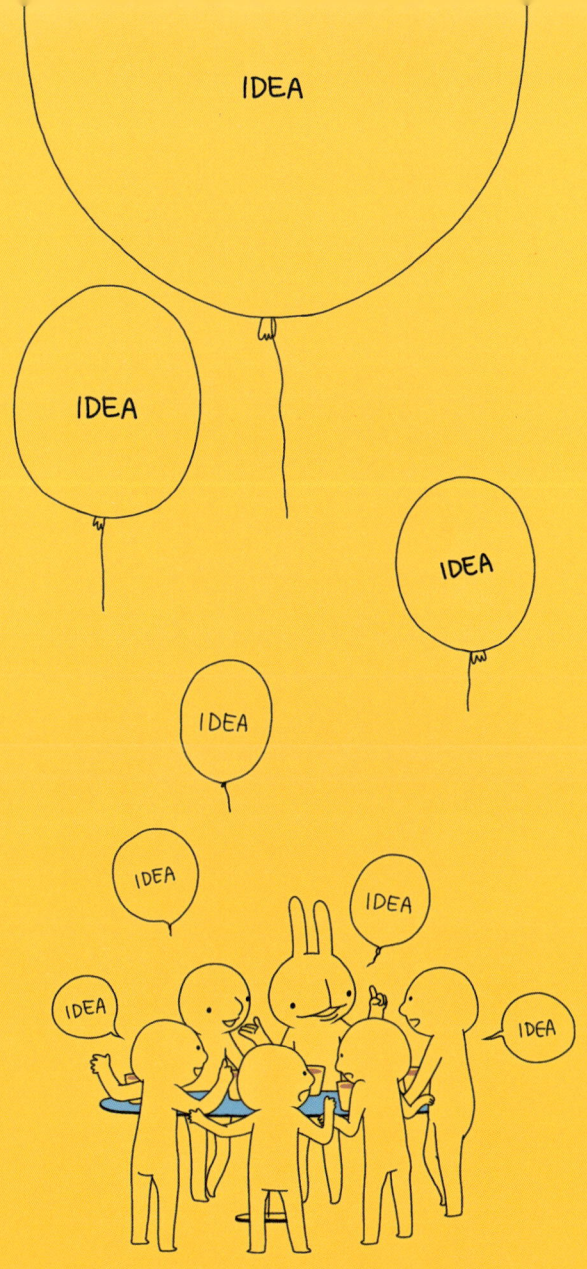

11시.

처음 상품개발팀에 왔을 때, 설토는 팀에서 가장 잘 나가는 열토와 친해지기 위해 부단히 노력했다. 당시, 설토는 열토를 롤모델로 삼았다. 점심시간이 되면 열토 주변을 서성거리며 함께 식사할 수 있는 기회를 노렸다. 상품개발팀 업무에 대해서 잘 몰랐던 설토는 열토와 어울리며 업무와 관련된 다양한 노하우를 습득할 수 있었고, 새로운 환경에도 쉽게 적응할 수 있었다.

물론, 여행작가의 꿈을 이루기 위해 여행과 글쓰기에 대한 공부도 꾸준히 해왔다. 출장을 다녀오면 여행 관련 정보들과 느낌을 블로그에 쏟아냈다.

하지만, 항상 매끈한 업무 처리와 열정으로 칭찬 받는 열토와 비교해보면 설토 자신은 한참 모자랄 뿐이었다.

처음 상품개발팀에 왔던 때가 떠오른다.

솔개님~ 상품개발팀에서 뭘 해야 할 지 잘 모르겠어요.
실현 가능한 세부적인 목표를 세우는 것이 중요하다고 하셨죠?
그래야만 어디에 집중해야 할 지도 알 수 있고요.
일단, 열토를 롤 모델로 삼아 볼까요?

그래요.
작고 구체적인 목표를 세워야만 집중할 수 있어요.

옛날 어느 인디언 마을의 추장이 자신의 자리를 물려주기 위해 세 아들을 데리고 사냥을 갔습니다. 추장은 첫째 아들에게 물었지요. "저 앞에 무엇이 보이느냐?" "하늘과... 나무가 보이네요." "저 앞에 무엇이 보이느냐?" 실망한 추장이 둘째 아들에게 물었어요. "나무가 보이고 나뭇가지에 앉아 있는 독수리가 보입니다." 추장은 다시 막내에게 물었지요. "저 앞에 무엇이 보이느냐?" "독수리가 보이는데 두 날개가 있고, 그 날개들이 마주치는 곳에 독수리의 가슴이 보입니다." 그 말에 추장은 무릎을 탁! 치며 이렇게 외쳤답니다.

"그 곳을 쏴라!"

막내 아들의 화살은 독수리의 가슴을 명중시켰고,
추장은 막내 아들에게 추장 자리를 물려주었다고 해요.

목표를 구체적으로 세웠다면,
이젠 목표만 뚫어져라 쳐다 보세요.
절대 한 눈 팔지 말고요.

A.M. 11:00

네, 알겠습니다!
목표를 뚫어져라 쳐다봐라~
하지만, 여행상품 개발 일이 낯설어서 쉽지 않아요.
새로운 일에 대한 부담도 큰데, 먹구름이 자꾸 저를 열토와 비교하며 들들 볶아요.

힘든 건 당연해요.
처음부터 잘하는 사람이 어디 있을까요?

뉴욕 맨해튼에 처음 온 시골 여자가 거리를 헤매고 있었어요. 카네기홀로 가는 길을 잃었거든요. 마침 바이올린 가방을 들고 시선을 길거리 바닥에 고정한 채 그녀 옆을 지나가는 한 남자에게 길을 물었어요. '실례지만, 어떻게 하면 카네기홀에 갈 수가 있나요?' 남자의 대답은 이랬습니다.

      "연습하고, 연습하고, 또 연습하는 겁니다."

^^

시작하자마자 완벽할 수는 없어요.
꾸준히 연습하세요.
롤모델인 열토를 넘어서겠다는 각오로…

A.M. 11:00

나름 열심히 하고는 있지만
처음 해보는 일이라 자꾸 실수를 해요.
먹구름이 째려보고 있으면 더 못하겠어요.
그러다 보니 실수가 더 많아지고요.

실수를 두려워하지 마세요.

제2차 세계대전이 끝나는 마지막 주에 윈스턴 처칠은 하원에서 다음과 같은 질문을 받았다고 합니다. "영국 정부는 지난 제1차 세계대전의 전후 처리과정에서 저질렀던 실수를 반복하지는 않겠죠?" 처칠은 그 질문에 매우 밝게 대답했지요.

"나는 확신합니다.
우리는 결코 과거의 실수는 되풀이하지 않을 것입니다.
하지만 새로운 실수를 할 수는 있습니다."

설토님, 실수를 두려워하지 마세요.
사람은 누구나 실수를 통해 배우고 성장합니다.
실수를 많이 한 사람은 더 빨리 성장할 수 있어요.
실수는 성장촉진제 같은 거예요.

A.M. 11:00

처칠,
새로운
실수만
한다

불끈!!!
성장촉진제요?
그럼 전 엄청 빨리 성장하겠는데요. ㅋㅋ
알겠습니다.
실수를 발판 삼아 열심히 할게요!

그래요.
노력하는 사람은 누구도 못이겨요.
세계적인 천재 바이올리니스트 두 사람에 대한 이야기를 해줄게요.

첫 번째는 카네기홀의 보존을 위해 활약한 위대한 바이올리니스트 아이작 스턴에 관한 이야기입니다. 막 공연을 끝낸 아이작 스턴에게 어떤 사람이 이렇게 물었답니다. "천재는 태어납니까?" 물론 그의 뛰어난 연주 솜씨를 언급한 질문이었지요. 그 질문에 그는 이렇게 대답했어요.

"천재는 태어납니다. 하지만 음악가는 만들어집니다."

두 번째는 19세기 스페인의 위대한 바이올리니스트 파블로 데 사라사테에 관한 이야기입니다. 어느 음악 평론가가 사라사테에게 이렇게 칭찬의 말을 했답니다. "선생님께서는 천재이십니다." 그 말에 사라사테는 발끈 화를 내며 이렇게 말했다고 해요.

"천재요?
37년 동안 하루도 빠짐없이 14시간씩 연습했는데. 천재라고요?"

꾸준하게 노력하세요.

함께할테니
걱정말고 힘내요!!!

A.M. 11:00

37년간 하루 14시간씩 연습했는데 천재?

끊임 없는 노력!
반복 연습!
  노력은 결코 배신하지 않는다!!
   아자! 아자!

미국 캘리포니아주 주지사이자 영화 '터미네이터'의 주인공으로 잘 알려진 오스트리아 출신 몸짱 배우 아놀드 슈왈제네거가 끊임 없는 노력과 반복 연습의 중요성에 대해 이렇게 말했답니다.

그는 오스트리아의 한 칵테일 파티에서 한 여피족으로부터 이런 질문을 받았다고 해요. "이렇게 멋진 이두박근을 가지려면 어떻게 해야하나요? 비결을 좀 알려주시지요." 아놀드가 그 여피족 젊은이에게 다시 물었어요. "정말 알고 싶으신가요?" "네, 꼭 알고 싶습니다." 그는 젊은이에게 몸을 약간 숙이면서 이렇게 말했어요.

 "좋아요. 그럼 알려드리지요.
 하지만 다른 사람들에게는 절대 비밀입니다!
 10년동안 매일 팔에 아주 강한 힘을 주면서 쉬지 않고
 움직이세요. 그럼 제 팔처럼 됩니다."

반복 연습이 말처럼 그렇게 쉽지는 않아요.
하지만 작은 목표를 세우고 꾸준히 해보세요.
너무 겁먹지 말고 우선 쉬운 것부터…
쉬운 것을 반복하다 보면 점차 어려운 것도 해낼 수 있게 되거든요.
그렇게 계속 하다 보면, 꿈도 곧 이룰 수 있을 거예요.

A.M. 11:00

아놀드
슈왈제너거의
이두박근

꿈을 이루고 싶다면,
중간에 포기해선 안되죠.

통기타와 하모니카 하나로 수많은 팬들을 열광시켰던 가수 김광석 알죠? 그는 1995년 8월에 1,000회 단독 공연이라는 대기록을 세웠답니다. 1989년 솔로로 데뷔한 이래, 끊임없이 공연장에서 관객과 호흡했던 그의 노력이 빛을 발하는 순간이었지요. 김광석은 1,000회 공연을 맞은 소감에 대해 이렇게 말했다고 해요. "저는 사실 1,000회 공연에 대해 별 다른 느낌이 없거든요. 그런데 이렇게 얘기하려니까 다들 실망하실 것 같더라고요. 그래서 무슨 말을 할까 고민하다가 제가 중학교 때 읽었던 책 중에 조지훈씨가 썼던 글이 떠올랐어요. 그 분 글 중에 이런 게 있었거든요. '바둑을 이기려고 두진 않았습니다. 그저 돌 하나하나 정성 들여 놓다 보니까 기성도 되고 명인도 되고 그랬던 거죠.' 그래서 저도 이렇게 이야기 하기로 했습니다."

> "1,000회는 목표가 아니었습니다. 그저 매 회 공연 때마다
> 모든 정성을 다해 기타를 치고 노래를 했지요.
> 그러다 보니 1,000회가 되더군요."

설토님.
가수 김광석처럼 과정을 즐기는 자세가 필요해요.
매 순간 최선을 다하면서 즐기다 보면 자신도 모르는 사이 성공에 가까워지게 될 거예요.

김광석의
1,000회
공연

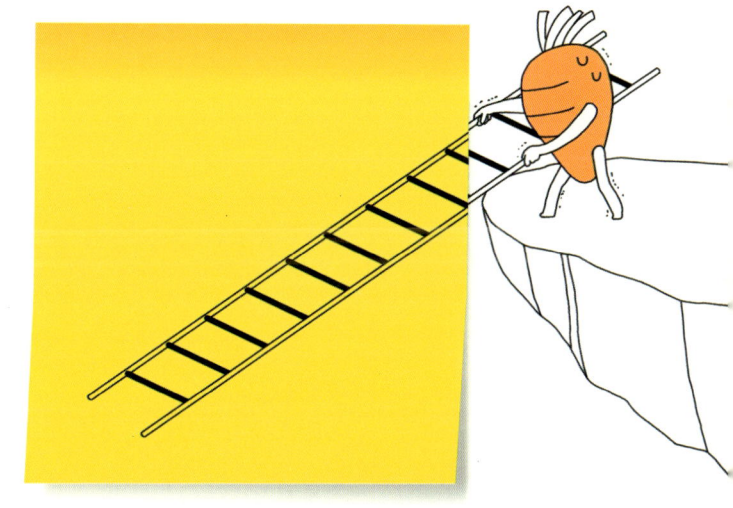
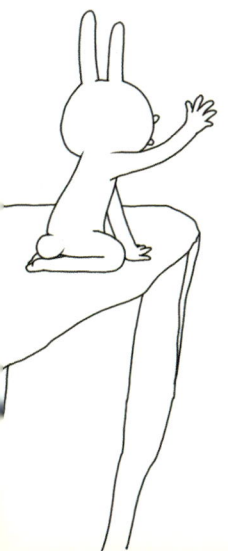

김광석 씨는 정말 매 공연을 즐기면서 한 것 같아요.
부러워요.
저도 일을 즐길 수 있으면 좋을 텐데…

네…
김광석씨는 매 순간 공연을 즐겼죠.
즐기다 보니 모든 공연이 다 매진 사례에 이를 정도로 성공적이었고요.
이렇게 작은 성공이 반복되다 보면 성공이 습관처럼 된답니다.
그러면, 실패가 오히려 어려워져요.

역사상 가장 뛰어난 농구 선수 중 한 명인 래리 버드를 아나요? 래리 버드가 한 제과회사의 광고 촬영을 위해 농구 코트로 왔어요. 촬영할 내용은 래리가 슛을 던질 찰나에 관중 속 누군가 과자를 씹으며 와삭 소리를 내는 바람에 골을 넣지 못한다는 것이었지요. 그런데 촬영이 시작되고 어처구니없는 일이 벌어졌어요. 광고 내용에 따르면 슛이 빗나가야 하는데 던지는 공이 모두 골인이 되는 거예요. 래리는 치열한 연습을 통해 완벽한 슛 동작을 마치 로봇처럼 몸에 익혔기 때문에 골에 실패하는 것이 오히려 더 어려웠던 거지요. 이처럼 자신의 의도와 다르게 공이 자꾸 그물 속으로 빨려 들어가자 래리도 당황스러워했대요.

결국 수백 번이나 공을 던진 끝에
겨우 두세 번 정도 공을 넣지 않는 데 성공했다고 하네요.

설토님도 래리 버드처럼 될 수 있어요.
일을 즐기면서 매사에 최선을 다하다 보면 성공이 습관처럼 몸에 배게 될 거예요.

A.M. 11:00

골을
넣지
않는 것이
더 어려워

하지만, 세상 일이 그렇게 생각처럼 되지는 않던데요?
제가 명문대 출신이 아니라서 기회조차 갖지 못할 때도 있어요.
같은 이야기를 해도 명문대 출신 동료들의 의견만 먹힌다니까요.
열토도 S대에 유학가라… ㅠㅠ

학력 보다 더 강한 것이 있어요.
일에 대한 열정이에요.
열정으로 넘쳤던 보디숍의 창업주 아니타 로딕의 이야기를 해줄게요.
그는 그의 자서전에서 이렇게 말했다고 해요.

"나는 전 세계 어느 곳을 가든 촉각을 곤두세우고 지금 내 눈에 보이는 모든 것을 어떻게 보디숍과 연관지을 수 있을까 연구합니다.

내가 보는 모든 것. 그것이 포장지가 될 수도 있고 잡지의 기사, 단어, 시, 심지어 보디숍과 아무런 연관도 없는 것들이 모두 포함됩니다. 인도에서 어느 시장을 돌아다닐 때 물을 길어 나르는 데 스테인리스 깡통이 쓰이는 것을 보았습니다. 순간 나는 똑같은 소재로 다양하고 멋진 포장을 할 수 있겠다고 생각했습니다. 또 샌프란시스코는 효모 빵으로 유명한데요. 지난번 그곳에 갔을 때 생 효모 반죽으로 몸을 씻으면 어떨까 하는 생각이 들었죠. 그래서 발사믹 식초로 실험을 했습니다. 발사믹 식초가 모발에 좋다는 것은 알고 있었지만, 피부에도 좋은지 알고 싶었거든요."

아무리 좋은 학력을 갖고 있는 사람이더라도,
자신의 일에 열정을 가지고 몰입하는 사람을 이길 수 없어요.
열정이 첫번째입니다.
명문대 열토를 열정으로 이기세요! ^^

A.M. 11:00

열정이 없지는 않아요.
저도 명문대 출신이 아닌지라, 뭐든 열심히 하려고 노력하거든요.
남에게 일을 미루거나 핑계대는 것도 싫어하구요.
그런데 뭘 열심히 해야할지 잘 모르겠어요

한 젊은 수도승이 조주선사(趙州禪師)가 기거하는 절에서 하룻 밤을 보내게 되었어요. 이 수도승은 걱정이 많았어요. 자신을 제외한 다른 수도승들은 모두 경험이 많고 자신감 있어 보였거든요. 다른 수도승들이 자신이 해야 할 일들을 스스로 찾아가며 처리하고 있을 때, 이 젊은 수도승은 혼자서 우두커니 선 채 무슨 일을 할지 몰라 당황스러워하고 있었답니다. 결국, 그는 조주 선사에게 도움을 청했어요. 그러자 조주선사가 이렇게 물었어요. "저녁식사는 했느냐?" 젊은 수도승이 대답했지요. "예, 했습니다." 그랬더니 조주 선사는 나지막한 목소리로 말했답니다.

"그럼, 가서 그릇을 닦거라!"

설토님. 너무 의욕만 앞서 우왕좌왕하다 보면 위 수도승처럼 될 수 있어요.
서두르지 말고 눈 앞의 일부터 하나씩 처리하세요.
상품개발팀 선배들에게 물어가면서 말이에요.

식사 후에는 그릇을 닦아라

그렇다면 여행 상품 기획 전문가인 열토가 어떤 방식으로 일하는지 살펴볼게요.
이런 걸 벤치마킹이라고 하는 거죠? 으쓱~

맞아요.
벤치마킹.

사오정 이야기 들어볼래요? 사오정은 우중충한 집안 분위기를 바꿔볼 양으로 도배를 새로 하기로 결심했답니다. 그러나 필요한 벽지의 양을 가늠하기가 어려웠어요. 고민 끝에 비슷한 평수의 옆집에 사는 저팔계에게 물었지요. "팔계야, 지난번에 도배할 때 벽지 몇 개나 샀니?" "응, 그때 12롤(Roll) 샀어." 사오정은 저팔계의 말을 듣고 벽지 12롤을 사서 도배를 시작했어요. 그런데 다 하고 나니 벽지가 4롤이나 남는 것이에요. 사오정은 저팔계에게 가서 따지듯이 물었어요. "야, 벽지가 4롤이 남잖아!" 그러자, 저팔계는 이렇게 대답했답니다.

"응, 나도 4롤 남았었어."

사오정처럼 무조건 따라 하는 것이 벤치마킹이 아니에요.
참고는 하되 그것을 잘 소화해서 자신만의 방식으로 만드는 것이
진정한 벤치마킹이랍니다.
설토님, 자신만의 방식으로 벤치마킹을 잘해 보세요.
기대할게요! 아자~

A.M. 11:00

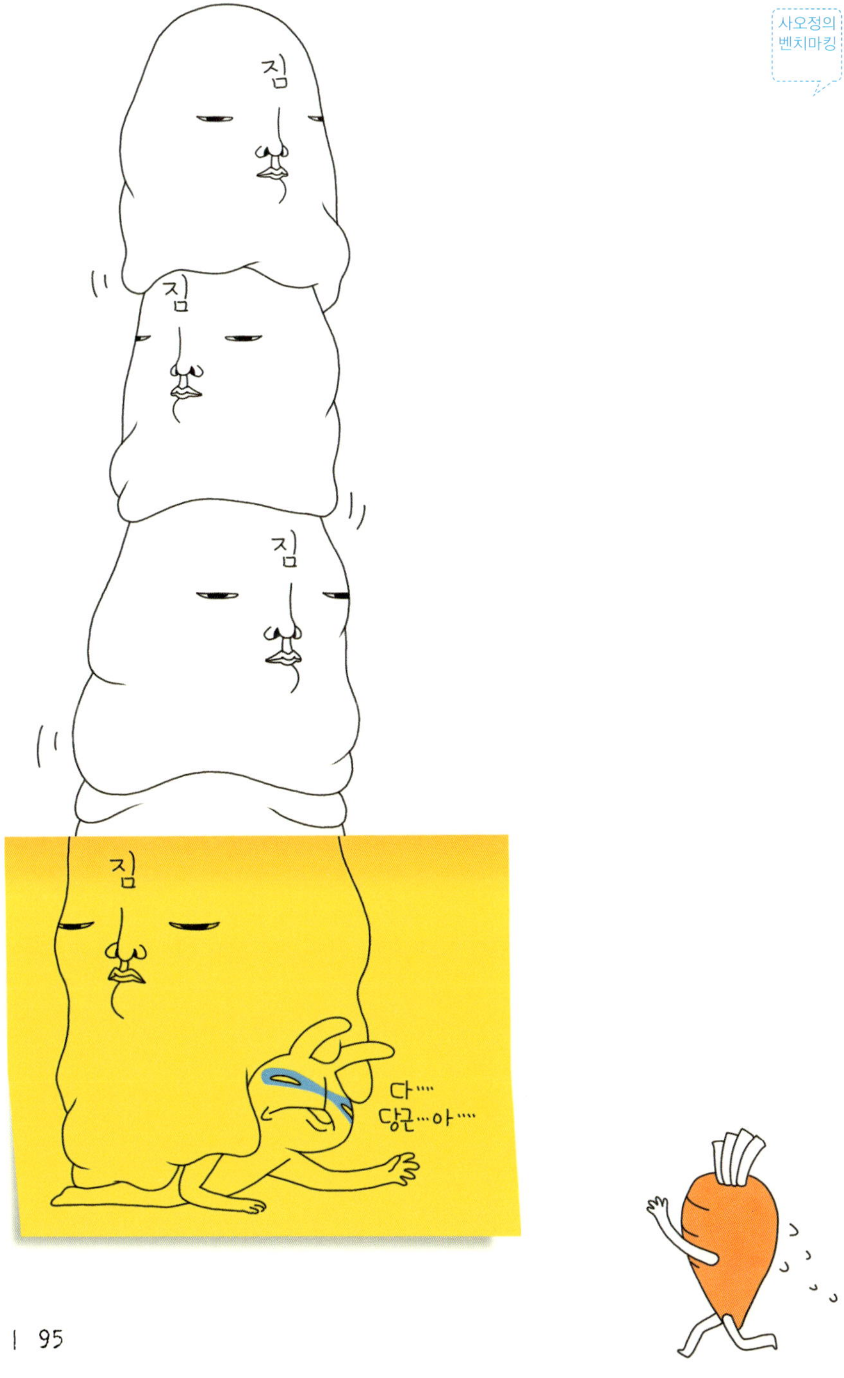

네 고맙습니다. ㅋㅋ
그런데, 벤치마킹은 생각보다 어려워요.
열토는 외향적이며 사교적이어서 많은 사람들을 통해
정보와 아이디어를 얻는 것 같은데,
저는 소심해서 그게 잘 안돼요 ㅠㅠ

어렵다고 생각하지 말고
그냥 즐긴다는 마음을 가지세요.
즐기는 것이 얼마나 중요한지,
어느 정신과 의사와 최고의 코미디언 이야기를 해줄게요.

어느 환자가 정신과 의사를 찾아가 우울증에 걸렸다고 말하자, 의사는 그에게 코미디 대가의 공연을 보면 우울증 치료에 도움이 될 것이라고 권했어요. 그러자 환자가 말했지요. "제가 바로 그 사람입니다. 저는 관중에게 기쁨을 선사하지만 그건 그저 제 일일 뿐입니다. 즐거운 것은 관중이지 제가 아닙니다. 저는 즐겁지가 않습니다." 이 말을 들은 정신과 의사는 충격을 받았어요. 도대체 즐거움이란 어디서 오는 것인지 불확실해진 거지요. 고민하던 의사는 우울해지기 시작했고, 어느 날 그 코미디언을 다시 만났습니다. "저도 우울증에 걸렸습니다"라고 의사가 말하자, 그가 물었어요. "당신은 많은 사람의 우울증을 치료해 주면서 그들을 기쁘게 해주지 않나요?" 그렇게 신나는 일을 하면서 어떻게 우울증에 걸릴 수 있죠? 그 물음에 정신과 의사는 이렇게 답했답니다.

"그건 제 생활일 뿐입니다.
우울증이 치료되는 것은 환자들이지 제가 아닙니다."

'아는 사람이 좋아하는 사람을 이기지 못하고,
좋아하는 사람은 즐기는 사람을 이기지 못한다'는 말이 있잖아요. 설토님은 여행을 좋아하죠? 또 여행관련 블로그도 운영하고 있구요. 자신만의 방식으로 접근해 보세요. 여행사 업무를 일이라고 생각하지 말고 즐기면서 말이에요.

A.M. 11:00

일을 즐기라고요?
제가 여행을 좋아하기는 하지만 그래도 일은 일이죠.
게다가, 먹구름 부장이 단순하고 사소한 일만 잔뜩 시키고 있어요.
처음에는 다 그렇게 해야 한다면서요.
이런 일들을 어떻게 즐겨요? ㅠㅠ

그야 생각하기 나름이지요. ^^

런던에 사는 평범한 아주머니가 저명한 경영학 박사의 강연을 들은 후 자신에게는 지금까지 배움의 기회가 없어 성공하지 못했다고 불평하자 박사는 무엇을 하느라 배우지 못했느냐고 물었어요. 그녀는 15년 동안 감자와 양파를 까면서 여동생의 하숙집 운영을 도왔다고 말했지요. 다음은 두 사람의 대화 내용이에요.

"부인, 감자와 양파의 껍질을 어디서 벗기나요?"
"주방에 앉아서 하죠."
"주방 어디에 앉아서 하나요?"
"난로 내화벽돌 옆에 앉습니다."
"내화벽돌 주위에는 무엇이 있나요?"
"개미가 있습니다."

"부인, 제 명함입니다. 매일 개미를 관찰하여
그 내용을 제게 편지로 알려주십시오."

박사의 말을 진지하게 받아들인 그녀는 개미에 대해 주의 깊게 관찰하며 편지를 매일 보냈고, 마침내 이 편지들을 모아 360쪽에 달하는 책으로 엮어 펴냈습니다. 그녀는 이 책으로 큰 돈을 벌었다고 합니다. 물론 이건 실화예요.

설토님, 세상에 사소한 일은 없답니다.
그 일을 어떻게 생각하느냐에 따라 달라집니다.
지금 설토님이 하고 있는 일이 사소하고 단순한 업무처럼 보이지만
그 일을 통해 다른 가치를 찾아 낼 수 있을 거예요.

자… 속는 셈치고,
관심을 가져봐요

개미에 대한 연구 보고서

맞아요. 그러고 보니, 사람들은 사소한 것에 감동받는 경우가 많은 것 같아요.
지난 번에 고객들의 여행후기를 읽어봤는데,
감동도 아쉬움도 늘 사소한 부분에서 오는 것 같아요.
그런 사소한 부분을 보완해 특별한 여행상품을 개발해봐야겠어요!

그래요.
위대한 사람들은 모두 사소한 것에도 아주 특별하고 세심한 주위를 기울이죠. 미켈란젤로의 이야기예요. 이 이야기는 워낙 유명해서 아마 설토님도 알고 있을 것 같은데요.

미켈란젤로 부오나로티가 그의 가장 위대한 작품인 시스티나 성당에서 600평방미터 넓이의 천장 벽화 작업을 할 때였어요. 그는 높은 사다리 위 받침대에 올라가 구부정한 자세로 어렵게 천장 구석에 인물 하나를 꼼꼼하게 그려 넣고 있었어요. 그 광경을 지켜 본 친구가 소리쳐 물었어요. "여보게, 그렇게 구석진 곳은 잘 보이지도 않는데 뭐 그렇게 고생을 하나? 대충 그려도 아무도 모를걸세!" 친구의 말에 미켈란젤로는 이렇게 대답했답니다.

"내가 알지!"

설토님은 꼼꼼하니 사소한 부분까지 세심한 배려가 느껴지는 그런 여행 상품을 개발해보세요. 많은 사람들이 좋아할 거예요.

A.M. 11:00

제가 좀 세심하죠. 으쓱~
그런데 먹구름은 항상 트집만 잡아요.
회사의 전략과 방향같은 큰 그림을
이해하지 못한다나 어쩐다나 하면서요. ㅠㅠ

설토님. 누구에게나 강점과 약점이 있어요.
중요한 것은 강점을 더 잘 개발하고, 단점을 어떻게 보완하느냐 하는 거죠.

한 맹인 소년이 있었어요. 그 소년은 앞이 안 보이기 때문에 친구들과 뛰어 놀 수 없었고 늘 혼자였어요. 그야말로 치명적인 약점을 가진 셈이죠. 그런데 이 소년의 인생에 큰 전환점이 되는 사건이 일어났습니다. 교실에 쥐가 한 마리 나타나 순식간에 난장판이 된 거예요. 갑작스럽게 나타난 쥐에 놀라 선생님과 학생들이 야단법석을 떠는 사이, 쥐는 아무도 모르는 곳에 숨어 버리고 만 것이에요. 그런데 눈은 보이지 않지만 귀가 아주 밝은 이 학생이 벽장 속에서 나는 작은 소리를 듣고는 바로 쥐를 잡을 수 있었어요. 수업이 끝난 뒤 선생님은 눈먼 아이를 불러 이렇게 칭찬했답니다.

"너에게는 소리를 인지하는 놀라운 능력이 있구나.
너는 정말 특별한 아이란다!"

이 소년이 바로 위대한 팝 아티스트 스티비 원더랍니다.

설토님은 세심하고 성실한 것이 강점이잖아요.
그걸 무기로 삼으세요.
물론, 회사의 전략과 방향은 파악해나가야겠죠.
치밀한 준비를 통해 어느 누구도 예측할 수 없는 완벽하고 세심한 여행 상품을 개발해 보세요.

A.M. 11:00

여행 상품 개발에 필요한 지식과 정보를
누구에게 물어보는 게 좋을까요?
열토는 정말 모르는 게 없어요. ㅠㅠ

책에게 물어 보세요.
설토님은 책을 얼마나 읽으세요?

성공한 사람 대부분은 독서광입니다. 책을 통해 많은 것을 배울 수 있지요.
한 사나이가 현명한 사람에게 찾아가 이렇게 물었어요. "당신은 어떻게 해서
현명한 사람이 되었나요?" 그러자, 현명한 사람이 대답했답니다.

"글쎄요, 등불을 밝히는 등유에
많은 돈을 썼더니 언제부턴가 현인이라고 부르더군요."

1주에 1권만 읽어도 1년에 52권 밖에 못 읽어요.
하루에 수십, 수백종의 책이 쏟아져 나오는 것을 감안하면
평생 읽을 수 있는 책은 그렇게 많지 않죠.
열심히 책을 읽으세요.
책이 답을 줄 것입니다.

A.M. 11:00

성공한 사람은 독서광

그 동안 너무 책을 읽지 못했던 것 같아요. 이제부터 열심히 읽을게요. ^^
그런데 솔개님~ 제가 여행 작가가 될 재능이 있어 보이나요?
저도 잘 모르겠어요.

자기 재능을 제대로 인식하는 것이 중요해요.
이 이야기는 '개미와 베짱이' 시즌 2입니다.

겨울이 되어 눈이 내리자 베짱이는 먹을 것을 찾아 집을 나섰어요. 여름 내내 노래만 부르고 놀았던 탓에 모아둔 양식이 한 톨도 없었으니까요. 하는 수 없이 베짱이는 구걸을 위해 개미집 문을 두드렸지요. 하지만 아무 소용이 없었어요. 욕만 먹고 쫓겨난 거지요. 추위와 배고픔, 그리고 서러움까지 겹쳐 눈물을 흘리던 베짱이는 죽기 전에 즐거웠던 지난 여름날을 추억하며 기력을 다해 바이올린을 연주하며 노래하기 시작했어요. 그가 생애 마지막이라고 생각했던 그 노래는 유난히 슬프고 감동적이었답니다.
베짱이의 공연에 개미들이 모여들었어요. 여름내 일만 하느라 음악이 무엇인지도 모르고 지내던 개미들의 마음을 움직인 거죠. 베짱이는 순간 정신이 번쩍 들었습니다. 베짱이는 모여든 개미들을 향해 이렇게 소리쳤어요.

"Ticket Please!(입장권을 사세요!)"

결국 베짱이는 겨울마다 리사이틀을 열어 큰 부자가 되었답니다.

설토님은 고객의 감성을 읽어내는 재능이 있어요.
이번에 설토님이 쓴 제주도 여행기는 무척 재미있었어요.
당장 제주도에 가고픈 생각이 들더라고요.
그리고 설토님의 블로그는 이미 많은 이들이 구독하고 있잖아요.
많은 여행정보 덕에 방문객들도 점점 더 늘어나고 있고요.
이런 재능을 잘 활용해보세요. ^^

A.M. 11:00

아, 그래요? ㅋㅋ 감사합니다. ^_____^
여행기에서 가장 중요한 것은 정보인 것 같아요.
제주도 여행기에서는 차편과 배편에 대한 정보가 인기였어요.
하지만, 여행과 관련된 정보들은 너무 자주 바뀌어서
지속적으로 관심을 갖게 만들기가 너무 어려워요.
이게 여행 블로그의 한계 아닐까요?

한계는 정의하기 나름이에요.

1950년 미국 오하이오에서 세계 역도대회가 열렸어요. 세계인의 관심은 러시아의 전설적인 역도 선수 알렉세예프가 당시로는 도저히 불가능하다는 500파운드(약 227kg) 도전에 성공하느냐에 쏠려있었죠. 그러나 알렉세예프는 사람들을 실망시키고 말았어요. 도전이 못내 부담스러웠는지 500파운드 들기를 포기하고 499파운드를 성공시켜 우승한 거예요. 그런데 경기가 끝난 뒤 새로운 사실이 밝혀졌어요. 그가 들어올린 무게를 다시 재 보니 499파운드가 아니라 501.5파운드였던 것이에요. 만약 알렉세예프가 처음부터 501.5파운드라는 것을 알았다면 그는 도전하지 않았을 것이고, 들어 올리지도 못했을 거예요. 그때까지 5백 파운드는 인간이 들어올릴 수 없는 한계로 인식되었기 때문이죠.

그런데 알렉세예프가 500파운드의 한계를 뛰어넘자,
이 해에만 무려 여섯 명이 500파운드 이상을 드는 데 성공했다고 해요.

한계는 자신이 정하는 것이에요.
여행 블로그의 한계를 걱정하기 보다는 보다 차별화된 여행 블로그로의 도전을 즐겨보세요.

A.M. 11:00

한계는 없다

네...
그렇다면 좋은 여행기는 뭘까요?
어떻게 써야 좋은 글이 될까요?

다음은 한 회사의 신입 사원 모집 안내문이에요.

이력서 작성 요령입니다. 생년월일, 본적, 주소, 키, 몸무게, 학력, 경력, 자격증, 토익 점수, 수상 경력 등을 빼고 작성하십시오. 이력서에 붙여야 할 사진으로는 얼굴 사진을 사용할 수 없습니다. 자신의 마음과 영혼을 보여줄 수 있는 사진을 붙여 주십시오. 최근 3개월 내에 찍은 사진이어야 합니다. 얼마 후 합격자 발표가 났는데요.

럭비공 사진 한 장 달랑 찍어 보낸 사람이 수석으로 합격했다고 해요.

창의력의 중요성을 빗댄 이야기예요.
지금은 그 어느 때보다 창의력이 중요한 시대죠.
글에도 창의적인 시각이 담겨 있어야 하지 않을까요?
창의력을 개발하기 위해서는 모든 사물을 새로운 시각으로 보는 능력이 필요해요.

A.M. 11:00

사물을 새롭게 보는 능력이요? 저도 키우고 싶어요!
상품 개발 회의 때마다 창의적인 시각으로 접근 하는 사람이 별로 없어요.
다들 늘 해오던 대로 경쟁사 여행 상품들을 카피해서 만들곤 하더라고요.

매사에 색다른 시각으로 사물을 관찰했던 찰리 채플린 이야기를 해줄게요.

찰리 채플린과 극작가 맥 아서가 '뚱뚱한 한 부인이 바나나 껍질 위에서 미끄러지는 장면'에 대해 이야기 하고 있었어요. 둘은 이런 소재가 너무 흔하고 진부해서 어떻게 표현하는 것이 좋을지 고민이었거든요. 아서가 채플린에게 물었습니다. "먼저 바나나 껍질과 뚱뚱한 부인을 보이게 한 후, 바나나 껍질이 날아가도록 할까요? 아니면 먼저 뚱뚱한 부인이 나타나고 나중에 뭉개진 바나나 껍질을 보이도록 할까요? 그리고 미끄러져 넘어지는 순간에는 부인의 어떤 표정을 잡는 것이 좋을까요?" 고민하던 채플린이 대답했어요.

"아니요. 이렇게 하죠.
먼저 뚱뚱한 부인을 내보내세요.
그 다음에 바나나 껍질을 보이게 하구요.
그리고 부인이 조심스럽게 바나나 껍질을 피해 비켜가다가
그 옆의 열린 하수구에 빠지도록 하세요."

재미있죠?
이렇게 찰리 채플린은 색다른 시각으로 관객의 기대에 부응할 수 있었답니다.
설토님도 매사를 새로운 시각으로 접근하도록 노력해 보세요.
이것이 바로 창의력이죠.
평범한 일상을 비범하게 보는 능력.

다양한 시각으로
생각해보세요!
엉뚱해도 괜찮아요!

창의력! 너무 어려워요!!
좀 더 준비를 하고 상품 개발팀으로 왔어야 했어요.
그럼 시행착오도 많이 줄일 수 있었을 거에요.

설토님, 완벽한 시기와 조건만을 기다리다가는 아무 것도 이룰 수 없어요

오늘은 세계적인 조각가 미켈란젤로와 도나텔로에 대해 이야기 해줄게요. 수 세기 전, 이탈리아의 조각가 도나텔로는 거대한 대리석 덩어리를 구입했답니다. 하지만 그 대리석은 폭이 좁고 갈라진 틈이 너무 많아 조각상을 만들기 어려웠지요. 그래서 그는 그 대리석을 반품했어요. 당시 그의 곁에 있던 미켈란젤로도 똑같이 그 대리석을 살펴보았는데요. 그는 폭이 좁고 틈이 많은 그 대리석을 예술가로서 자신의 기술에 대한 도전으로 받아들였답니다. 그래서 도나텔로가 반품한 대리석 덩어리를 다시 사들여서 그것으로 시대를 초월한 불후의 명작을 만들어냈지요.

그것이 바로 그 유명한 다비드 조각상이에요.

어디에나 부족한 부분은 항상 존재해요.
그 부족함을 채우겠다는 자신감과 용기가 필요한 거죠.
좀 더 기다렸다면 상품개발팀으로 올 기회가 주어지지 않았을지도 몰라요.

A.M. 11:00

미켈란젤로의
다비드상

그래요!!!
솔개님 말씀이 맞아요.
상품개발부로 올 수 있었던 것은 너무 좋은 기회였어요.
총무부에 있었더라면... 아휴~
이젠 정말 자신감을 갖고 용기 있게 도전할게요!

그럼요.
그리고 또 모든 일은 생각하기 나름이에요.
'인류 최초'란 수식어를 단 사람들은 특히 그런 생각의 힘이 더 컸지요. 무에서 유를 창조한 셈이니까요. 인류 최초로 지구일주 항해에 성공한 마젤란 알지요?

마젤란 일행이 태평양을 횡단하는 긴 항해를 하던 중에 악천후를 만났어요. 거친 바람과 높은 파도로 선원들은 공포에 빠져 있었지요. 그때 마젤란이 하늘을 향해 두 손을 높이 들었어요. 선원들은 마젤란이 하늘에 기도를 올리는 줄 알았죠. 그런데 그게 아니었어요. 마젤란은 올린 두 손을 바다를 향해 힘껏 뻗으며 대원들을 향해 이렇게 소리쳤어요.

"보라, 제군들, 바다가 그대들 앞에서 두려워 떠는 것을!"

그 말에 힘을 얻은 마젤란 일행은 거친 바다를 무사히 빠져나갈 수 있었다고 해요.

무슨 일이든 마음먹기에 달렸어요.
긍정적으로 생각하면 무슨 일이든 할 수 있는 힘이 생긴답니다.
설토님, 용기를 가져요.
할 수 있다고 말해봐요.
부정적인 생각은 이제 그만~~.

된다, 된다, 된다 …
그렇게 생각 해보세요~

A.M. 11:00

파도가
우리를
두려워하고
있다

나는 잘 할 수 있다아~~
소리지르고 나니, 기분이 좀 좋아지는데요.
그런데, 처음부터 총무팀이 아닌 상품개발팀에 들어왔다면 얼마나 좋았을까요?
모든 일을 척척해내는 열토가 부러워요.

환경이 중요한 건 아니에요
그것을 어떻게 인식하고 활용하는가가 중요하죠.

한 일란성 쌍둥이가 있었어요. 그들은 고교 졸업 20주년 동창회에 나란히 참석했어요. 쌍둥이 중 한 명은 성공한 작가가 되었고 다른 한 명은 하는 일마다 실패를 거듭해 실직자로 비참한 생활을 하고 있었어요. 어떤 사람이 작가가 된 쌍둥이에게 성공의 원인을 묻자 그는 이렇게 대답했어요.

"부모님 덕분이에요."

또 다른 사람은 실직자 쌍둥이에게 실패의 원인을 묻자 그는 이렇게 대답했죠.

"부모님 때문이에요."

지금은 능숙하게 일을 처리하는 열토가 부러워 보이겠지만, 설토님의 총무부 경력이 오히려 열토보다 뛰어난 여행상품기획자가 되는데 도움이 될 수도 있어요. 앞서 얘기했듯이 현실을 긍정적으로 보는 자세가 중요하다는 겁니다. 언젠가 설토님이 총무부 근무 경력 '때문에'가 아니라 '덕분에'라고 말하게 될 날이 분명히 올 거예요. 설토님이 이를 믿고 최선을 다한다면요.

A.M. 11:00

하지만 자꾸 조급해져요.
좀 더 빨리 성장하고 싶거든요.ㅠㅠ

급히 먹는 밥이 체하는 거예요.
모든 것에는 때가 있지요.

아주 오래 전 중국에 나무를 잘 기르는 이가 있었는데요. 그 사람이 어떻게 나무를 잘 기르게 되었는지 아세요? 그 사람의 성은 곽씨였구요, 이름은 탁타였어요. 등이 낙타처럼 굽었다 해서 붙여진 이름이었지요. 그는 '나무심기의 달인'이었어요. 어떤 나무건 그가 심으면 잎이 무성해지고 알찬 열매를 맺었거든요. 다른 이들이 그 비법을 훔쳐 내고자 갖은 노력을 다했으나 도무지 알아차릴 수가 없었어요. 결국 그들은 탁타에게 그 비결을 알려 달라고 간곡하게 부탁했고, 탁타는 이렇게 답했어요. "제가 나무를 오래 살게 하거나 잘 자라게 할 수는 없습니다.

　　단지 자연의 섭리에 따라 그 본성에 이르게만 할 뿐입니다.

나무의 본성이란 단단한 흙에 깊이 뿌리내리려 하는 것입니다. 저는 나무를 심은 다음에는 건드리지도 않고 걱정하지도 않으며, 다시 돌아보지도 않습니다. 다른 사람들은 대부분 조급함을 견디지 못해 나무를 심은 후 아침에 들여다보고, 저녁 때 어루만지고, 심지어 나무의 껍질을 손톱으로 벗겨 살았는지 죽었는지 확인하고, 뿌리를 흔들어서는 흙이 단단한지 부실한지 관찰합니다. 그러니, 나무가 자신의 본성을 잃어버려 제대로 자랄 수가 없었겠지요."

설토님. 너무 조급하게 굴지 말고 차근차근 해나가기 바래요.
설토님은 지금도 무척 잘하고 있답니다.

자연의 섭리대로

조급함을 버린다고 전문가가 되는 건 아니잖아요.
전 전문가가 되고 싶거든요.
그래서 열토를 이기고 싶은 거라고요~

전문가가 되는 방법도 크게 다르지 않아요.
지금 하고 있는 일들을 체계적으로 꾸준히 10년간 해보세요.

미국의 한 호텔에 여성 청소부가 근무하고 있었어요. 그녀는 고객을 20가지 유형으로 나누고 그에 따라 방 청소하는 법을 달리했다고 해요. 예를 들면 수건을 많이 쓰는 고객, 비품의 위치를 바꿔 주기를 원하는 고객, 특정한 신문을 원하는 고객 등으로 구분한 거예요. 자주 오는 고객은 이름과 유형을 기억했다가 방을 청소하고 준비하는 과정에서 이 같은 취향을 미리 알아내고 이를 반영한 거예요. 당연히 묵고 간 고객들은 객실의 상태에 대해 최고의 만족감을 표시했지요. 뿐만 아니라 그녀는 청소 작업의 생산성을 높이기 위해 침대보 정리 방법도 개선했고 이를 동료들에게 전파하기도 했답니다.

또한 청소를 하면서 발견한 문제점들은 반드시 해결방법을 찾아내 이를 자신의 노트에 기록했고, 이를 경영진에 수시로 보고했지요.

이로 인해 그녀는 청소부에서 호텔의 객실 품질 관리 책임자에까지 오를 수 있었어요. 나중에는 호텔을 청소하는 노하우를 가지고 컨설팅 사업까지 했답니다. 이 이야기는 리츠 칼튼 샌프란시스코 호텔에서 청소부로 일하던 버지니아 아주엘라의 실화예요.

설토님. 처음부터 전문가인 사람은 없어요.
작은 일을 열정적으로 계속 하다 보면 노하우가 생기는 법이고,
그런 노하우가 쌓여 전문가가 되는 것이지요.

하지만 저는 그 청소부처럼 무언가를 분류하고
분석하는 일은 '꽝'이에요.
그러고 보니, 전 잘하는 게 별로 없네요. ㅠㅠ

능력이나 지식보다 더 중요한 게 있어요.

소크라테스의 열렬한 추종자인 한 젊은이가 소크라테스를 찾아와, 지혜를 얻을 수 있게 도와달라고 간청했어요. 소크라테스는 그를 강으로 데리고 가서 물에 집어넣은 다음, 젊은이의 머리를 눌러 강물 속에 집어 넣었어요. 젊은이는 머리를 물 밖으로 내밀려고 허우적거렸지만, 소크라테스는 있는 힘껏 그의 머리를 누르며 못나오게 했지요. 시간이 흐르고 마침내 참지 못한 그 젊은이가 죽을 힘을 다해 몸부림치며 물 밖으로 고개를 내밀 수 있었어요. 바로 그때 소크라테스가 물었어요. "숨이 막혀 죽을 것 같았을 때 자네가 가장 원하는 것이 무엇이었는가?" 그러자 젊은이는 가쁜 숨을 몰아 쉬며 대답했지요. "공기였습니다!" 이 말에 소크라테스는 미소를 지으며 말했어요.

"자네가 그 순간 공기를 원했던 것만큼 지혜를 갈구한다면
곧 얻게 될 걸세."

간절하게 원해보세요.
무엇이든 얻을 수 있어요.

A.M. 11:00

소크라테스의
지혜

저는 이미 간절하게 원하고 있거든요~
열토도 이기고 싶고, 당근이 코도 납작하게 해주고 싶고,
최우수 사원이 되어서 휴가와 보너스도 받아 놀러가고도 싶고…
전 간절해요.

잘난 척 하는 제자가 있었답니다.
어느 날 스승이 그에게 숙제를 주었지요.

"세상에 온전히 너 혼자만의 힘으로 해낼 수 있는 것이 있는지 내일 아침까지 알아 오너라." 제자는 밤새 고민해봤지만 아무것도 떠올릴 수가 없었어요. 다음 날 아침 풀이 죽은 제자가 스승에게 이렇게 말했어요. "밤새 고민해봤지만 오로지 저 혼자만의 힘으로 할 수 있는 일은 아무것도 없었습니다. 생각해보니 제 몸조차도 부모에게 받은 것이었어요. 창의적인 아이디어도 모두 다른 사람들의 도움이 필요했지요. 하다못해 주머니칼로 나무 조각상을 만들어보려고 해도 온전히 제 힘으로 할 수 있는 일이 아니었습니다. 주머니칼은 다른 사람이 만든 것이고, 나무는 자연의 산물이니까요.

아무리 찾아봐도 세상에 저 혼자 해낼 수 있는 일은
단 하나도 없었습니다."

세상에 혼자서 해낼 수 있는 일은 단 하나도 없답니다.
설토님 다른 사람들을 모두 경쟁자로 삼고,
혼자서 다 하려고 하니 제대로 되는 게 별로 없을 수밖에요.
다른 사람들과 함께 일하는 법을 배우세요.

A.M. 11:00

혼자 할 수 있는 일은 없다

'백지장도 맞들면 낫다',
뭐 그런 말씀이죠?

그렇죠.
아무리 뛰어난 천재라도 혼자서 할 수 있는 일에는 한계가 있어요.

인디언 보호구역에 있는 한 초등학교에 새로 부임한 백인 교사가 있었어요. 어느 날, 그는 수업을 마치면서 학생들에게 말했답니다. "오늘 배운 것에 대해 시험을 보겠다. 너희들은 학생이다. 정정당당하게 자기 실력으로 답안을 쓰도록! 절대로 남의 것을 보거나 보여 주면 안 된다. 알겠지?" 시험이 시작되고 얼마쯤 지나자 두 아이가 머리를 맞대고 수군거리는 소리가 들렸어요. 그리고 곧 이어 모든 아이들이 한곳에 모여 큰 소리로 토론을 하는 거예요. 그걸 본 교사가 화를 내며 아이들에게 호통을 쳤습니다. "너희들, 지금 시험시간에 뭐 하는 짓이야?" 그러자 한 인디언 소년이 의아한 표정을 지으면서 말했답니다.

> "선생님, 추장 할아버지께서 저희에게 늘 말씀하셨어요.
> 살다 보면 어려운 일을 많이 겪게 될 텐데,
> 그럴 때마다 혼자 해결하려 하지 말고 여럿이 지혜를 모아 해결하라고요.
> 오늘 시험문제를 풀다 보니 정말 어려운 문제가 있어서
> 할아버지 말씀대로 지혜를 모으는 중이에요."

인디언들은 실제로 문제가 생기면 토론을 통해 문제를 해결해나간다고 해요.
혼자서 하는 것보다 여럿이 고민하는 것이 훨씬 좋은 해결책을 마련할 수 있거든요.
요즘 들어 '집단 지성'이 강조되는 것도 이 때문이죠.
한 사람의 천재보다 평범한 여러 사람의 지혜가 훨씬 빛난답니다.

혼자 하는건 어려운 일이야.

A.M. 11:00

시험
문제를
함께 푸는
지혜

솔개님 말씀을 듣고 보니 그 동안 전 너무 혼자서만 일해왔네요…
모르는 게 생기면 열토와 동료들에게 물어보면 됐었는데
제가 좀 자존심하거든요.

능력 있는 열토와 동료가 함께 있다는 사실은 설토님에게 축복과 같아요. 또 그들은 모두 긍정적인 에너지가 가득하죠? 이런 에너지는 쉽게 전파된다고 해요. 왜냐하면, 에너지는 전염되기 때문이에요. 이는 샌디에이고 캘리포니아대 정치학과의 제임스 파울러 교수와 하버드대 의대의 니콜라스 크리스타키스 교수 연구진의 조사를 통해 나온 결과이기도 하답니다.

제임스 파울러 교수와 니콜라스 크리스타키스 교수 연구진은 '브리티시 메디컬 저널'에 프레이밍햄 심장 연구 참여자들을 대상으로 조사한 행복감의 전파 경로를 발표했답니다. 연구진은 8년 동안 5,000여명을 대상으로 감정 상태를 물었는데요. '나는 삶을 즐긴다' '나는 미래에 대해 희망적이다' 라는 질문이었어요. 조사 대상 가운데 60%는 이런 질문에 긍정적인 답을 해 행복감을 느끼는 것으로 분류됐답니다. 그런데 조사에서 가족이나 친구가 행복한 사람은 그렇지 않은 사람보다 15.3% 더 행복감을 느끼는 것으로 나타났어요. 이 효과는 세 단계 건너까지 나타났답니다. 만약 옆집 사람의 친구가 행복한 사람이면 나의 행복감이 9.5% 높아진 거에요. 친구의 친구 그리고 그 친구가 행복하면 5.6% 행복감이 늘어났고요.

가까운 동료들로부터 긍정적인 에너지를 받으세요.

설토님 주위에 열토군처럼 열정적인 동료가 있다는 게 얼마나 다행이에요.
열토와 가까이 지내면서 그의 에너지를 전달받으면 어떨까요?

아~ 에너지는 전달되는 거구나.
어쩐지 열토와 같이 있으면 괜히 저도 흥분돼요.
열토에게는 사람을 끌어당기는 뭔가 있어요.

단순히 일만 잘해서는 리더가 될 수 없답니다.

어느 회사의 임원 한 명이 몇 차례 대표 후보에 올랐지만 번번이 탈락했다고 해요. 이 임원은 너무 억울해서 자신의 실적과 능력을 정리해서 본사에 보냈답니다. 그런데, 본사의 답변은 뜻밖이었지요. 실적과 능력은 탁월하지만 리더가 되기에는 여러모로 부족하다는 것이었어요. 본사에서는 그 후보를 대표로 뽑지 않은 이유에 대해 다음과 같이 설명해주었어요.

유머감각이 전혀 없고, 직원들에게 인간적인 관심을 보이지 않았다는 점, 그리고 무엇보다 경비 아저씨나 청소하는 아주머니에게 먼저 인사한 적이 없을뿐더러 그들의 인사도 받아주지 않았다는 것이 탈락의 결정적인 이유입니다.

'멀리 가려면 함께 가라'는 말을 들어보셨나요?
능력이나 실적, 효율도 중요하지만 그것이 전부가 될 수는 없답니다.
리더가 되려면 자신과 주변을 돌아보고 많은 사람들과 함께 갈 수 있는 길을 찾아낼 수 있어야 해요.

지금 열토가 설토님을 앞서고 있는 결정적인 이유도 바로 이 부분이 아닐까요?

경비원과
청소부에게
인사하는
CEO

솔개니이임~ 저 승진했어용~~ ㅋㅋ
팀장 됐어요. ^^
이젠 뭐든 할 수 있다는 자신감이 생겼어요.

축하해요.
새로운 팀에서 자리잡는 것 조차 쉽지 않았을 텐데…
수고하셨어요~
하지만, 자만은 금물이랍니다.

한 사자가 쉬고 있는데, 모기 한 마리가 나타났어요. "저리 가, 이 코딱지만한 녀석아!" 자신의 주위를 모기가 윙윙거리며 끊임없이 맴돌자 화가 난 사자가 모기에게 소리질렀어요. 자존심이 상한 모기는 사자에게 전쟁을 선포했지요. "다들 너를 왕이라고 부른다고 해서 내가 너를 겁낼 것 같으냐? 나는 너보다 더 힘이 센 황소도 한 방에 꼼짝 못하게 할 수 있단 말이야!" 모기는 사자 등에 달려들어 바짝 약을 올리며 싸움을 걸었고, 화가 난 사자가 길길이 날뛰자 근처에 있던 동물들이 슬그머니 자리를 피했어요. 모기는 사자의 등과 얼굴과 코를 계속해서 찌르며 공격했어요. 급기야 사자는 골칫덩이를 쫓기 위해 벽에 몸을 부딪혔지만 오히려 기진맥진하여 쓰러지고 말았어요. 의기양양한 모기는 승리감에 취해 윙윙 소리를 내며 날아 올랐지요.

하지만 날자마자 바로 나뭇가지에 쳐진 거미줄에 걸리고 말았어요.
거미 밥이 되고 만 것이지요.

초심을 잃지 마세요.
승진은 축하할 일이지만,
자만하지 말고 항상 주위를 살펴야 합니다.

A.M. 11:00

네, 무슨 말씀인지 알겠어요.
하지만 저는 지금 예전과는 완전히 달라요.
뜨거운 열정이 솟아오르고 있어요. 크흥

그렇겠죠.
지금의 설토님은 예전과 완전히 달라 보여요.
그동안 정말 열심히 노력한 덕분이죠. 하지만 방심은 절대 금물!

어느날, 장자가 밤나무 밭에 놀러 갔다가 까치 한 마리가 나무에 앉아 있는 것을 보았답니다. 장자가 까치를 잡기 위해 돌을 던지려고 했어요. 까치는 자기가 위험에 빠진 것도 모른 채 나무에 있는 사마귀를 잡아먹으려고 집중하고 있었지요. 그런데 또 까치의 존재를 모르는 사마귀는 매미를 잡으려고 두 팔을 번쩍 들어올린 상태였죠. 매미 역시 아무 것도 모르고 그늘 아래서 노래하고 있었답니다. 장자는 순간 세상 모든 것에 진정한 승자란 없으며, 자신도 위험할 수 있다는 사실을 깨닫고 돌을 내려놓았다고 해요. 그때 밤나무 주인이 쫓아와 장자가 밤을 훔친 줄로 알고 그에게 욕을 퍼부었다고 합니다. 이것은 《장자莊子》에 나오는 유명한 일화랍니다.

　　　장자마저도 밤나무 주인이 지켜 본다는 사실을 몰랐잖아요.

모두들 눈앞의 이익에만 정신을 쏟다보면, 자신이 위험에 빠진 사실을 알기 어렵거든요. 눈 앞의 성공만을 축하하며 방심해서는 안 됩니다.

A.M. 11:00

밤나무 도둑으로 몰린 장자(莊子)

네, 자만하지 않을게요.
그런데요, 솔개님, 제가 원래 기획 체질인가 봐요.
여행 관련해서 새로운 일을 계획하고 추진하는 게 너무 좋아요.
이제 글만 잘 쓰면 되겠죠?

설토님, 자신감을 확실히 찾으신 것 같아 내가 덩달아 기분이 좋습니다. 그런데, 이럴 때 가장 조심해야 합니다.

고려 말에서 조선 초에 권근이라는 사람이 살고 있었어요. 어느 날 그가 강변을 걷고 있었답니다. 한 늙은 사공이 강 어귀에 세워 놓은 뱃전에 위태롭게 흔들리며 앉아 있는 것을 보고는 물었답니다. "몸도 가누기 힘드실 텐데 왜 뭍으로 올라오지 않으세요?" 사공은 이렇게 대답했답니다.

"사람이란 간사해서 평탄한 길에서는 마음이 방자해지는 법입니다. 결국 자신을 망치게 되지요. 저도 저 자신을 잘 알아서요.

　　배 위에 있는 것은 이런 나를 경계하기 위함입니다."

지금까지 이룬 것에 너무 도취하지 말고 자신을 잘 경계하는 것이 필요한 시점이에요. 치열한 자기 검열과 탄탄한 공부가 지속적으로 뒷받침된다면, 앞으로도 무슨 일이든 해낼 수 있을 거예요.

A.M. 11:00

그런데 요즘 들어 열토가 좀 이상해요.
저를 은근히 경계하고 있어요.

그동안 열토는 설토님을 많이 도와주었잖아요?
너무 쉽게 열토를 의심하는 건 아닐까요?

마케도니아의 알렉산드로스 대왕의 이야기를 해드릴게요. 그는 페르시아와 전투를 하고 있었어요. 당시 페르시아의 다리우스 3세는 그를 죽이기 위해서라면 무슨 일이든 하겠다고 공언하고 있었습니다. 그러던 중 알렉산드로스 대왕은 폐렴에 걸려 생사를 헤매게 되었어요. 하지만 의사들은 치료를 주저했지요. 만약 약을 잘못 사용해서 알렉산드로스가 죽기라도 하면 그를 독살하고 다리우스의 뇌물을 받았다는 비난을 받을까 두려웠던 거예요. 하지만 어린시절부터 계속 알렉산드로스 대왕의 시중을 들던 친구이자 의사인 필립은 자신이 준비한 강력한 약으로 대왕의 목숨을 구하겠다고 말했어요. 그런데 필립이 약을 끓이기 위해 밖으로 나간 후 알렉산드로스 대왕은 다리우스 3세가 모든 의사를 매수했으니 조심하라는 메모를 받았습니다. 알렉산드로스 대왕은 어떻게 했을까요? 필립이 돌아오기를 기다리던 대왕은 그가 약을 가져오자 한 손으로 약이 담긴 잔을 받고, 다른 손으로는 그 편지를 건네주었지요.

그리고는 필립이 편지를 읽는 동안 약을 한 방울도 남기지 않고 마셨답니다.

물론 필립에 대한 알렉산드로스 대왕의 무한한 신뢰는 충분히 입증되었지요. 대왕은 그 약을 먹고 완쾌되었고 많은 전투에서 승리를 거둘 수 있었으니까요.

열토가 다른 직원들하고 설토님 이야기를 하고 다닌다구요?
회사 안에 열토에 대한 안 좋은 소문이 떠돈다고요?
그 소문이 진실인지 아닌지, 열토가 왜 그러는지 나도 모르겠어요.
하지만 이것 하나만은 기억하세요.
신뢰 없이는 아무것도 할 수 없답니다.
열토는 당신의 팀장 승진을 진심으로 축하하고 지지해 준 사람이었다는 걸
잊지 마세요.

끝까지 믿으세요

목숨을 걸고 신뢰를 지킨 알렉산드로스 대왕.

오후 3시30분.

늘 그렇듯 설토는 팀원들과 함께 회사에서 30여미터 떨어진 카페 소봄으로 향했다.

설토는 팀장이 된 후 업무 효율이 떨어지는 오후시간을 어떻게 효율적으로 보내는 게 좋을지 고민했다. 즐거운 팀을 만들고 싶었다. 결국 솔개의 조언을 받은 설토는 출출하고 나른해지는 오후 3시30분에 모든 팀원과 함께 카페로 가서 아이디어 게임을 하자고 제안했다. 고맙게도 열토는 설토의 의견에 흔쾌히 동의했고, 동료들과 먹구름을 설득해 오후 리프레쉬(refresh) 프로그램을 하나 만들어낸 것이다.

카페 소봄에 모인 팀원들은 각자 선호하는 음료를 회사 경비로 마시며 아이디어 게임을 한다. 특별한 규칙은 없다. 주제를 정하고 그 주제에 해당하는 아이디어를 마구 쏟아내면 된다. 이 시간을 모두가 좋아했다. 팀 분위기를 '업(up)'시키기도 좋았고, 업무와 관련된 주제로 자유롭게 아이디어를 쏟아내기 때문에 회사에도 큰 도움이 되었다.

카페 소봄에서 아이디어 게임을 마친 설토는 다시 사무실로 향했다.

설토가 상품개발팀에 온지도 벌써 2년이다.

오늘은 첫 해외여행 상품개발 프로젝트에 대한 발표가 있는 날.

설토가 팀장이 되어 처음으로 진행했던 해외상품개발프로젝트이기에 그 어느 때보다도 뜨거운 열정을 가지고 업무에 집중했었다. 이번 프로젝트를 위해 설토는 사비를 털어 해외여행을 다녀오기도 했다.

자신의 프로젝트가 최우수상을 받을 것으로 기대했다.
아니 거의 확신했다.

그러나.
회사 게시판에는 전혀 엉뚱한 내용이 올라왔다.

〈회사 사정으로 인해 해외여행 상품개발 프로젝트 무기한 연기〉

달러화의 강세와 경기침체로 여행업계가 큰 타격을 받고 있던 때라, 회사도 새로운 프로젝트를 추진할 여력이 없었던 것이다.

설토는 좌절했다.

정말 열심히 했는데…
모든 불운과 불행은 자신에게만 닥치는 것 같았다.

실의에 빠진 설토는 늘어진 어깨로 사무실을 나섰다.

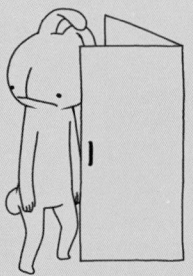

솔개님!!
말두 안돼요.
'해외여행 상품개발 프로젝트'가 무기한 연기됐어요!!
모두들 제가 최우수상을 받을 거라고 했는데… ㅠㅠ

그러게요. 안타까운 소식이네요.
설토님 팀장 되고 첫 프로젝트인 데다,
준비도 그렇게 열심히 해왔는데…
마음이 많이 아프겠어요.
하지만, 너무 부정적으로만 생각하지는 마세요.

링컨이 대통령으로 재직할 때의 일인데요. 각료 중 한 사람이 사사건건 링컨의 의견에 딴지를 걸고, 추진하려는 일마다 반대를 하고 나섰다고 해요. 이런 일이 한동안 계속되자, 한 친구가 왜 그 사람을 해임하지 않느냐고 링컨에게 물어보았고, 링컨은 그 친구에게 이런 이야기를 들려주었답니다. 어느 한가한 날 시골길을 걷고 있던 링컨이 말을 몰아 쟁기질을 하고 있는 한 농부를 봤다고 해요. 링컨이 농부에게 다가가 인사를 하는 순간, 말 엉덩이에 파리가 잔뜩 붙어있는 것을 봤어요. 말이 귀찮아 할 것 같아 파리들을 쫓아버리려고 하자 농부가 이렇게 말했어요.

"그만두시구려. 그 파리들 때문에 이 늙은 말이 그나마 움직이고 있답니다."

살다 보면 때로 이 파리처럼 털어내고 싶은 일이 생긴답니다.
하지만 그런 것들을 너무 부정적으로만 보지 마세요.
그런 자극이 있을 때 사람은 더 크게 성장하는 법이니까요.
비록 프로젝트는 연기되었지만,
이번 일을 준비하면서 설토님의 능력이 크게 향상된 것은 분명하잖아요.
다음에 더 좋은 기회가 생길 거예요. 토닥~토닥~

더 성장하게 될거예요.
다시 기회가 올거예요.

늙은 말을
움직이게 하는
파리

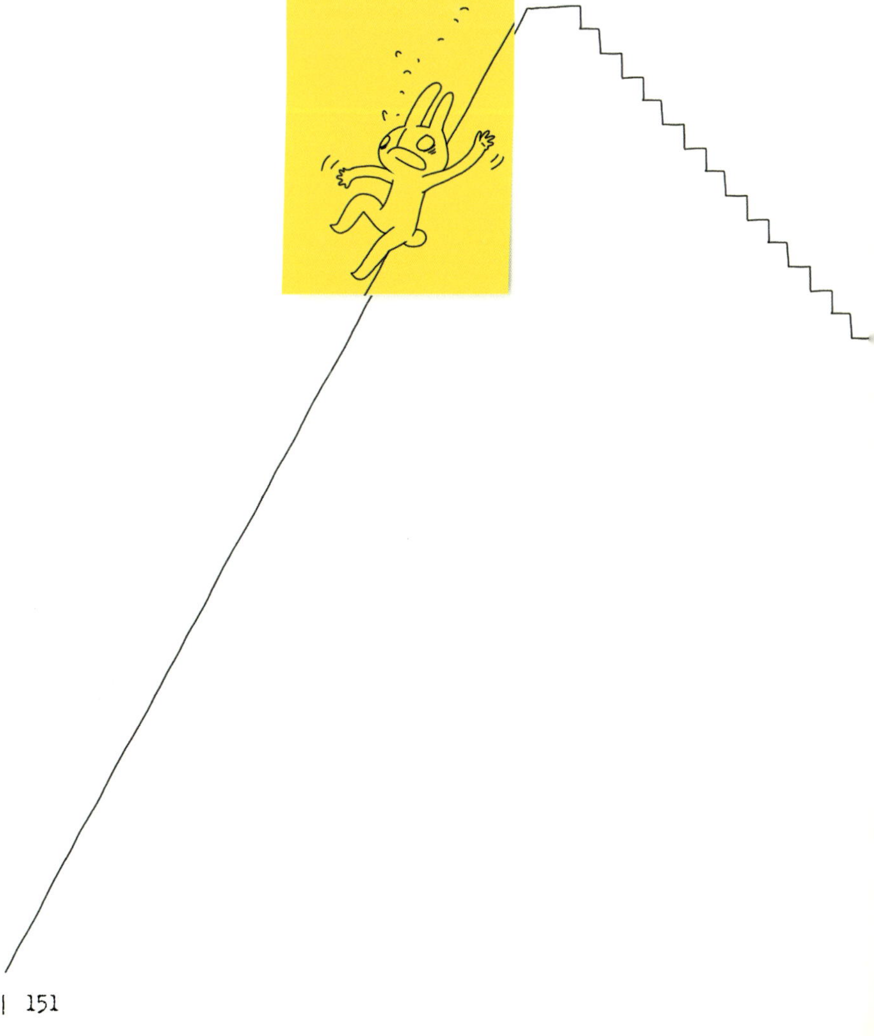

아무리 그래도 이 상황을 긍정적으로 생각하기 어려워요.
해외 쪽에 비전을 갖고 있었는데…
운명이 아닌가?
맞아요.
노력한다고 모든 게 되는 건 아니죠. 흑~

이번 일로 설토님의 꿈을 포기하시겠다는 거예요?
어느 성공 세미나에서 강사와 수강생들 간에 오고 간 대화 내용을 들어보세요.

"여러분, 발명왕 에디슨을 생각해 보십시오. 얼마나 실패를 많이 했습니까? 하지만 그가 포기했나요?" "포기하지 않았습니다." "비행기를 처음 만든 라이트 형제도 실험에 많은 실패를 했습니다. 라이트 형제가 포기했습니까?" "포기하지 않았습니다."

"그렇다면 멕키스트가 포기했을까요?"

"강사님, 멕키스트가 누구입니까?"

"멕키스트는 포기한 사람입니다.
역사는 포기한 사람을 기억하지 않습니다."

포기하면 잊혀질 뿐입니다.
설토님 포기하지 마세요.

P.M. 3:30

네…
하지만…
너무 힘들어요…

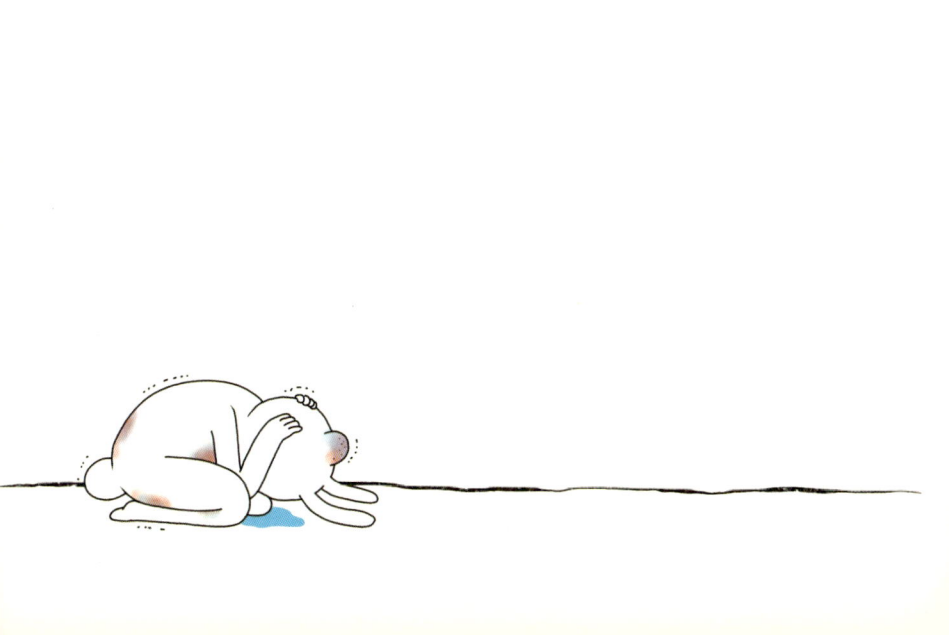

이젠 더 이상 못 참겠어요.
제가 하고 싶은 일을 할래요.
불끈!

끙… 회사를 그만두려고요? 결정한 거예요? 다른 곳은 알아봤나요?

좀 갑작스럽지만, 변화가 두려워 환경을 바꾸지 못하면 발전은 없을 거예요. 노력한다면 더 좋은 기회가 올 거예요. 뜻이 있는 곳에 길이 있다는 말도 있잖아요. 영국의 조지 왕 이야기를 해드릴게요.

영국의 조지 왕은 형의 죽음으로 갑작스레 왕위에 오르게 되었고, 너무나 힘든 국무로 인해 시름이 그치지 않았다고 해요. 그러던 어느 날 왕은 작은 도시의 한 도자기 공장을 방문하게 되었답니다. 평소 도자기에 남다른 관심을 갖고 있던 왕은 모든 일정을 마친 뒤, 모처럼 편안한 마음으로 도자기 공장을 둘러보았지요. 그러다 두 개의 꽃병이 특별히 전시되어 있는 것을 보게 되었고, 왕은 그곳에서 걸음을 멈추었어요. 유심히 살펴보니, 두 개의 꽃병은 동일한 원료에 디자인과 무늬까지 똑같았지만, 하나는 예술품으로 보이는데 다른 하나는 아주 볼품 없어 보였던 거예요. 이를 이상하게 여긴 왕이 공장장에게 물었어요. "어째서 저렇게 서로 다를 수 있는가? 또 저 두 꽃병을 나란히 둔 이유는 무엇인가?" 왕의 물음에 공장장은 이렇게 대답했답니다.

"이유는 간단합니다. 하나는 구워졌고,
하나는 구워지지 않았기 때문입니다."

구워진 도자기가 빛을 발하는 것처럼 시련은 인생을 더욱 빛나게 한답니다. 지금은 많이 힘들겠지만 저는 설토님이 이 시련을 잘 견뎌내리라 믿습니다. 이를 이겨내면 더 좋은 기회가 분명히 올 거예요.

견뎌낼 수 있어요!

P.M. 3:30

구워진 도자기

과연 그럴까요? 근데, 언제 올까요?
휴우~ 좋은 기회가 언제나 올까요?
너무 준비 없이 사표를 낸 것 같아요.
몇 군데 면접을 봤는데 조건이 다 안 좋아요.

많은 사람이 모인 강연회에서 열변을 토하던 한 강사가 갑자기 호주머니에서 100달러짜리 지폐 한 장을 꺼내 높이 들고 말했어요. "이 돈을 갖고 싶으신 분 손 들어보십시오." 그러자 강연에 참석한 사람들이 거의 다 손을 들었지요. 그는 청중들을 쭉 훑어보고는, 갑자기 100달러짜리 지폐를 바닥에 던지고는 구둣발로 마구 짓밟았어요. 그러고는 그 돈을 다시 높이 들고 사람들에게 물었어요. "제가 이 돈을 이렇게 마구 구기고 짓밟았습니다. 그래도 이 돈을 갖고 싶으신 분이 있으면 손을 다시 들어주세요." 또다시 대부분의 사람들이 손을 들었지요. 그러자 그가 다시 말을 이었어요.

"그렇습니다. 여러분의 선택이 옳습니다.
제가 아무리 이 돈을 발로 짓밟고 구기고 해도 그 가치는
전혀 줄어들지 않습니다."

설토님, 무슨 얘기를 하려는지 알겠어요?
설토님께서 직장에서 나왔다고 해서
아직 취직을 못했다고 해서
설토님의 가치가 줄어드는 것은 아니랍니다.
좌절하지 마세요!

P.M. 3:30

구겨지고
더럽혀진
100 달러
지폐

위로는 고마운데요.
그래도 지금은 너무 힘들어요.
할만큼 했는데…

시련은 모두에게 있어요. 독수리 이야기를 들어보세요.

여러 종류의 상처를 받은 젊은 독수리들이 벼랑에 모여 있었어요. 날기 시험에서 낙방한 독수리, 짝으로부터 따돌림을 받은 독수리, 다른 독수리에게 할큄을 당한 독수리. 그들은 세상에서 자기들만큼 상처가 심한 독수리는 없을 것이라 생각했지요. 그들은 죽느니만 못하다며 모두 함께 자살하려고 했죠. 이때 건강하고 용감하며 날쌘 독수리 영웅 하나가 쏜살같이 내려와서는 물었어요. "왜 자살하려고 하지?" 그러자 한 독수리가 이렇게 답했지요. "모두 상처가 너무 많아 괴로워하고 있답니다. 차라리 죽는 게 편할 것 같아서요." 그러자 영웅 독수리가 여기저기 상처투성이인 날개를 펼쳐 보이며 말했어요.

"나는 어떤가? 상처 하나 없을 것 같지만 이 몸을 봐라. 이건 날기 시험 때 솔가지에 찢겨 생긴 것이고, 이건 다른 독수리한테 할퀸 자국이다. 그러나 이런 것들은 겉에 드러난 상처에 불과하다. 마음의 상처는 헤아릴 수도 없다. 우리 함께 날아보자.

　　상처 없는 새들이란 이 세상에 태어나자마자 죽은 새들 뿐이다.
　　살아가는 우리 가운데 상처 없는 새가 어디 있겠는가!"

시련 없이 성공한 사람은 없어요.
시련은 성공을 향한 여정 속에 반드시 거쳐야 할 통과의례라고 생각하세요.

상처 없는
새는
죽은 새들
뿐이다

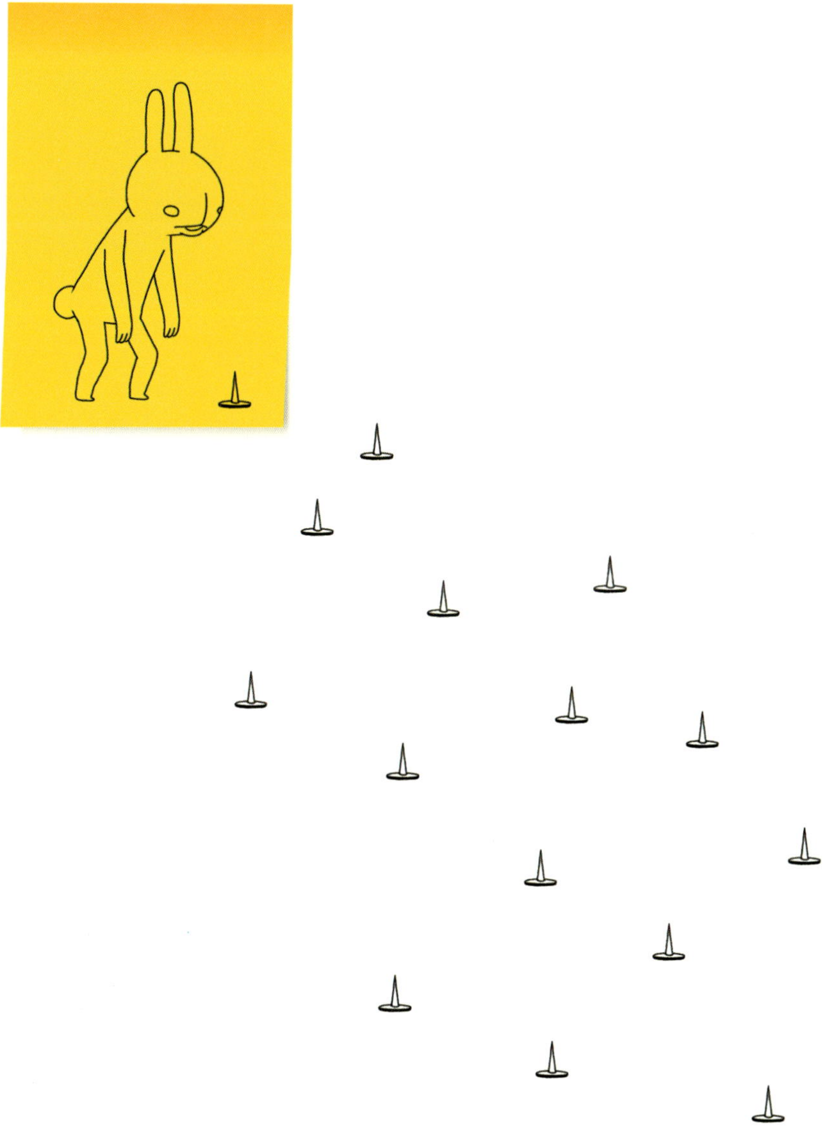

 네…

우선 조금 쉬는 건 어떨까요?
입사 이래 한번도 쉬어본 적이 없잖아요.
쉴 때가 된 것인지도 몰라요. 두 농부의 이야기를 들어보세요.

가을의 한 농촌 마을. 두 농부가 논에서 열심히 벼를 베고 있었어요. 한 사람은 허리를 펴는 법 없이 계속해서 벼를 벴고 다른 한 사람은 벼를 베는 중간 잠깐씩 논두렁에 앉아 쉬었지요. 노래까지 흥얼거리면서요. 저녁이 되어 두 사람이 수확한 벼의 양을 비교해 보니, 틈틈이 논두렁에 앉아 쉬었던 농부의 수확량이 훨씬 더 많은 거예요. 쉬지 않고 이를 악물고 열심히 일한 농부가 따지듯 물었어요. "난 한 번도 쉬지 않고 일했는데 이거 도대체 어떻게 된 거야?" 틈틈이 쉰 농부가 빙긋이 웃으며 대답했답니다.

    "난 쉬면서 낫을 갈았거든."

쉬는 것이 멈추는 것은 아니에요.
오히려, 충전의 시간이라고 할 수 있지요.
낫을 갈아야 더 많은 벼를 손쉽게 거둘 수 있듯이,
멀리 가려면 에너지를 충분히 채워야 하잖아요.

설토님. 충전의 시간을 가지면서 어떻게 난관을 극복할 지 생각해보기로 해요.

쉬라고요?
언제까지요?
벌써 오래 쉬었는데…
여행사가 아닌 곳이라도 좀 알아봐야겠어요.
총무팀 경력을 살려서라도…

꿈을 접는다고요?
너무 성급해요.

뜻이 있는 곳에 길이 있다는 말 기억하나요?

음악을 하고 싶었던 어느 젊은이가 있었어요. 음대를 졸업한 그는 계속해서 음악을 하고 싶었지만, 상황이 여의치 않아 일반기업에 취직했답니다. 출근 첫날부터 그는 고민에 빠졌어요. 평생 음악 공부만 하고 살았는데, 회사에서 맡은 일은 음악과는 아무 관련이 없는 일이었으니까요. 재능이 아깝기도 했고 음악에 대한 미련을 버릴 수도 없었지요. 게다가 이 회사에서 오래 머물면 머물수록 미래는 불투명해지고 결국 자신의 음악적 재능도 다 사라져버릴 것이 분명하다고 생각됐거든요. 오랜 고민 끝에 그는 기왕에 다니게 된 회사를 '나에게 어울리는 내일이 있는 곳'으로 바꿔보기로 결심했답니다. 그래서 그는 곧 상사에게 회사 홍보의 일환으로 악단을 만들자고 건의했어요. 회사는 그의 건의를 받아들였구요. 그는 단원을 모집하고 연습실과 악기를 마련하여 연습을 시작했지요. 그는 악단의 실력을 최고 수준으로 끌어올리기 위해 부단히 노력했고 시간이 흐르면서 악단의 실력은 월등히 향상되었지요.

> 그렇게 2년이 지나자, 그와 그 악단은 인근 도시에서 가장 훌륭한 지휘자와 오케스트라라는 명성을 얻게 되었답니다.

꿈을 버리지 않는 한 길은 있어요.
설토님, 정말 여행작가가 되겠다는 꿈을 포기하려는 건 아니죠?

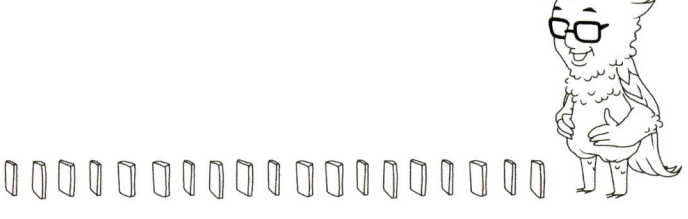

> 최고의
> 오케스트라
> 지휘자가 된
> 회사원

네... 아직 꿈을 포기하진 않았어요.
여행작가... 꼭 되고싶어요.
하지만 지금은 상황이 너무 불안정해서 두려워요.

그럼 다행이에요.
꿈을 포기하지 않는 것이 가장 중요하거든요.

스코틀랜드의 로버트 1세 왕은 잉글랜드의 침략으로 나라를 빼앗기고 간신히 산 속으로 도망쳐 목숨을 구할 수 있었어요. 그는 동굴 속에 웅크리고 앉아 절망과 불안감에 사로잡혀 있었어요. 모든 것을 다 잃은 것 같았지요. 그때 로버트 왕은 조그마한 거미가 집을 짓는 광경을 보았어요. 거미집은 생각만큼 잘 만들어지지 않았어요.

거미줄은 붙었다가 떨어지기를 반복했어요.
그런데도 거미는 포기하지 않고 계속해서 집을 지었어요.
그리고 마침내 거미집을 완성시켰답니다.

로버트 왕은 깊은 생각에 빠졌습니다. 왕은 마음속에 있는 모든 불안과 걱정을 떨쳐버리고 자신의 왕국을 되찾는 일을 절대 포기하지 않기로 결심했죠. 그는 결국 왕위를 되찾고, 1328년 잉글랜드로부터 독립했답니다.

설토님. 두려워 말고 다시 시작하세요.
그동안 설토님은 많은 곳을 여행하면서 훌륭한 국내여행상품도 개발했고 따뜻한 여행기로 네티즌들을 사로잡기도 했으니 다시 시작해도 얼마든지 가능성이 있어요.

할 수 있어요!!

P.M. 3:30

제게 가능성이 있다고요?
정말요?

오늘은 장석주 시인의 〈대추 한 알〉이라는 시를 소개할게요.

저게 저절로 붉어질 리는 없다.
저 안에 태풍 몇 개
저 안에 천둥 몇 개
저 안에 벼락 몇 개
저게 저 혼자 둥글어질 리는 없다.
저 안에 무서리 내리는 몇 밤
저 안에 땡볕 두어 달
저 안에 초승달 몇 날

물론, 쉽지는 않을 거예요.

대추 한 알이 붉어지고 둥글어지는 데도 저토록 많은 노력이 들어가는데,
하물며 사람이 꿈을 이루는 것은 어떨까요?
전에도 말했지만,
세상에 쉽게 되는 일은 없습니다.

P.M. 3:30

솔개님~
어제 한 출판사로부터 연락을 받았어요.
당근이 소개로, 제 블로그를 본 출판사 사장님이 저에게
여행 에세이를 써보라고 했지 뭐에요..
믿어지지 않아요. 어떻게 이런 일이. 너무 신나요~ 예~ ^^

벌써 좋은 기회가 왔네요.
축하해요~
이번 기회를 잘 활용해 보세요.

어떤 여섯 살 된 아이가 마당에서 놀다 새 둥지가 땅에 떨어져 있는 걸 보았어요. 둥지 속에는 귀여운 새끼 참새가 짹짹거리고 있었지요. 소년은 새끼 참새를 키워보려고 집에 가져 갔어요. 그러나 집 앞에 도착한 소년은 엄마가 새 키우는 것을 반대할 수 있다는 생각이 들었어요. 잠시 망설이던 소년은 조심스럽게 참새를 문 앞에 내려놓고는 엄마에게 허락을 받기 위해 집안으로 뛰어 들어갔어요. 잠시 후 엄마의 허락을 얻은 소년이 기뻐하며 뛰어나왔을 때 웬일인지 새끼 참새는 보이지 않았고,

바로 옆에 검은 고양이가 아쉬운 듯 입맛을 다시고 있었지요.

이것은 왕연구소를 세운 컴퓨터 공학자이자 발명가인 왕안(王安) 박사의 일화에요.

기회가 왔을 때 꼬옥~ 잡으세요.
그렇지 않으면 멀리 달아나버릴 수 있어요.

P.M. 3:30

새벽 1시

마음이 녹녹해지는 시간.

설토는 항상 이 시간에 여행과 관련된 글을 포스팅 해왔다.

'마음여행자'라는 블로그를 운영 중인 설토는 여행 중 만났던 사람들의 이야기와 여행루트를 소개하는 글을 꾸준히 올려왔다. 점점 더 많은 이들이 블로그를 찾았고 여행관련 정보를 나누면서 '마음여행자'는 널리 알려졌다. 게다가 설토는 1년 전에 시작한 트위터와 페이스북을 통해 여행 관련정보를 여러 사람들과 나누면서 소셜 네트워크에서도 유명인사가 되었다.

그러던 중 여행사를 그만 둔 설토.

갑작스런 변화가 당황스럽고 모든 것이 두렵기만 했지만 출판사로부터 글쓰기 제안을 받고 조금씩 자신감도 생기기 시작했다.

뒤늦게나마 여행작가가 되어보겠다는 마음을 먹지만, 오랫동안 회사 생활을 해 온 설토는 안정적인 수입이 없는 여행작가라는 직업을 선택하기가 쉽지 않다.

또, 막상 일을 하자니 생활이 유지될 수 있을까 하는 현실적인 문제도 발목을 잡는다. 처음에는 수입보다 지출이 많을 텐데…

새로운 도전은 늘 두렵다.

여행작가의 미래는 어떨까요?
생활이 불안정하거나 수입이 일정치 않은 건 아닐까요?

그건 저도 모릅니다.
설토님이 어떻게 생각하고 행동하는지에 달려있는 것이지요.
어떤 사람의 일기 한 편을 소개할게요.

LA에 있는 한 스튜디오 분장실. '똑똑' 하고 누군가 내 분장실 문을 두드렸다. 매니저가 문을 열자마자 우렁차고 익숙한 음성이 들려왔다. "웰컴, 리언조~!" 오마이갓! 몰라보게 날씬해진 오프라 윈프리가 나를 덥석 끌어안아 주는 게 아닌가. 그러곤 이곳 LA에서 가장 맛있는 커피라며 내게 건넸다. 세상에, 방송 들어가기 전에 대선배인 오프라가 먼저 인사를 하기 위해 직접 내 분장실까지 찾아온 것이다. 드디어 무대에 조명이 켜지고 진행자 오프리가 나를 소개했다. "한국의 오프라 윈프리 리언조를 소개합니다~!" 객석에서 기립박수를 치며 내 이름을 외쳤다. 내가 출연 중인 시트콤 '포유'는 현재 미국 내 최고의 시청률을 자랑하는 인기 프로그램이다. 한국에도 판권이 수출됐다고 하니 조만간 국내에서도 만나볼 수 있을 것이다. 방송을 마치고 나오며 나는 다시 멋진 상상을 하면서 차를 탔다. '나도 언젠가 미국에서 오프라처럼 전세계를 아우르는 최고의 진행자가 되겠다. 김치의 파워로 고고씽~!'

이것은 개그우먼 조혜련이 쓴 자신의 '미래 일기' 가운데 하나입니다.

모름지기 꿈이란 이토록 생생해야 한답니다.
이루어진 모습을 상상만 해도 가슴이 울렁거리는 그런 꿈이 진짜입니다.
설토님도 미래 일기를 구체적으로 써보는 것은 어떨까요?
그리고 지금부터 마치 그 꿈이 이루어진 것처럼 행동하는 거예요.
미래는 설토님이 어떻게 상상하는 가에 따라 달라집니다.
여행작가, 설토님 파이팅!

오프라 윈프리 쇼에 출연한 조혜련

'미래 일기'요?
마치 꿈이 이루어진 것처럼 행동하라고요?
흠…

설토님, 생각이 바뀌어야 행동이 바뀌는 것으로 알고 있죠?
하지만 때로는 행동을 바꾸면 생각이 바뀌기도 합니다.

어느 날 한 여성이 미국의 사회 심리학자이자 작가인 조지 크레인 박사의 사무실을 찾았습니다. 그녀는 남편이 너무 싫어서 극심한 고통을 주고 싶다고 말했어요. 크레인 박사는 이렇게 답했지요. "집에 돌아가 마치 남편을 정말로 사랑하는 것처럼 행동하십시오. 마음은 그렇지 않더라도, 매일 사랑한다고 말하십시오. 쉽지 않겠지만 남편의 장점을 찾아내 칭찬해주십시오. 가능한 한 친절하고 관대하게 대하고 배려하십시오. 뭐든 남편이 즐거워하는 것을 해주세요. 당신이 그를 진심으로 사랑한다고 믿게 하세요. 당신은 남편을 영원히 사랑하며, 그 사람 없이는 살 수 없다는 것을 확인시켜 주세요. 그리고는 폭탄선언을 하는 겁니다. 이혼하자고 하는 거죠. 그것이 바로 남편에게는 큰 상처와 고통이 될 것입니다.

그 여성은 크레인 박사 말에 동의했고, 그날부터 남편을 진심으로 사랑하는 것처럼 행동하기 시작했어요. 물론 쉽지 않았죠. 혐오하는 사람을 사랑하는 것처럼 행동하는 건 어려운 일이니까요. 그녀는 남편에게 그런 믿음을 주기 위해 가능한 모든 일을 했답니다. 그런데 몇 달이 지난 후 그녀는 깜짝 놀랐습니다.

자신이 정말로 그와 사랑에 빠졌다는 사실을 알게 된 거죠.
그녀가 사랑하는 것처럼 행동하자 그녀의 마음이
그렇게 변한 것이에요.

이것이 바로 '가역성의 법칙(Law of Reversibility)'이에요.
설토님, 이제부터 자신이 마치 여행작가가 된 것처럼 행동하세요.

A.M. 1:00

마치
사랑하는
것처럼

네…
알겠어요.
이제부터 여행작가처럼 옷 입고,
여행작가처럼 웃고, 마시고, 자고, 떠들고, 친구 만나고…
여행작가는 어떤 친구를 만나지?? 갸우뚱~

그래요.
일반적으로 성공한 사람들은 모두 그렇습니다.

1960년 당시 레알 마드리드에는 세계 최고의 골잡이 피렌스 푸스카스가 뛰고 있었지요. 어느 날 한 기자가 푸스카스에게 물었어요. "어떻게 하면 그렇게 축구를 잘할 수 있습니까?" 그러자 푸스카스가 웃으면서 이렇게 대답했지요.

> "나는 사람들과 있을 때에는 축구 이야기를 합니다.
> 그리고 혼자 있을 때는 축구에 대해서만 생각합니다."

푸스카스뿐 아니라 성공한 사람들은 모두 자신의 꿈만을 생각하고 이야기합니다. 자신의 꿈에 '미친 사람들'이지요.

A.M. 1:00

레알 마드리드
골잡이
푸스카스의 꿈

DREAM

솔개님~
출판사 원고요.
인도 관련 여행 에세이를 써보려고요.
해외여행 개발프로젝트를 위해 여행했던 때를 생각하면서요.

그래요? 그렇다면 당장 시작하세요. 시작이 반입니다.

한 꼬마아이가 있었답니다. 어느날, 친구들과 놀던 그 꼬마는 멋진 아이디어가 떠올라 매우 흥분하며 집으로 달려와 이렇게 소리쳤어요. "엄마~ 인형극 극장을 만들래요. 나무판자 몇 개와 못만 있으면 돼요. 빨간 천으로 막을 만들면 되고요. 꼭두각시 인형의 다리는 두 부분으로 나누어서 줄로 이으면 구부릴 수도 있잖아요. 그리고…" 눈을 반짝이며 얘기하는 그 아이의 계획은 너무나도 분명했지요. 그러나 30분도 채 지나지 않아서 그 아이는 축구를 하러 뛰어나갔어요. 뛰어나가는 아이에게 엄마는 인형극 극장 만드는 일은 어떻게 되었냐고 물었습니다. 그러자 아이는, "응, 판자가 너무 길어서 톱으로 잘라야 하는데, 톱질하는 시간이 너무 오래 걸릴 것 같아 조금 놀다 하려고요."라고 대답했어요. 그 아이의 침대 밑에는 아직도 판자가 그대로 있답니다. 아이의 머리 속에는 인형극 극장에 대한 그림이 생생하게 그려져 있었고, 어떻게 만들 것인지에 대한 계획도 확실히 서 있었지요. 그런데 왜 아직도 판자가 침대 밑에 그대로 있을까요. 맞아요.

　　　　　　　　문제는 실행이에요.
　　　　　生각만으로는 아무것도 할 수 없어요.

아무리 멋진 꿈이 있고 분명한 계획이 있어도 행동으로 옮기지 않으면 어떤 결과도 만들어내지 못합니다.

프로젝트 준비 자료를 보는 것뿐 아니라 인도 여행 경험이 있는
다른 사람들을 인터뷰 해보는 것은 어떨까요?
다양한 방법으로 노력해봐요.
여행작가 설토님, 힘내세요!

인형극 극장 만들기

DREAM

네.. 우선 지난 번 회사에서 만들었던 자료부터 찾아 봤어요.
도서관도 좀 다녔고요. 그리고 인도 여행 경험이 있는 사람들도 만나 인터뷰도 하고...
그런데 기존 책들의 내용과 차별화시키기가 어려워요.
나라를 파키스탄으로 바꿀까요? 기왕이면 유럽으로 할까요?
프랑스? 스위스? 네델란드? 아니... 남미가 좋을까? 휴우~

조금 해보고는 그렇게 금방 포기하면 어떡해요?
결코 포기하지 않았던 마크 웰먼의 이야기를 들어 보세요.

1989년 7월 18일. 29세된 미국의 청년 마크 웰먼이 캘리포니아의 암벽 엘 카피탕에 오르는 데 성공했습니다. 웰먼은 22세 때 등산을 하다 암벽에서 떨어져 허리 아랫부분이 완전히 마비된 장애인이었지요. 이 정도의 사고를 겪으면 대부분의 사람들은 인생을 포기하지만 그는 좌절하지 않았어요. 그는 결코 포기하지 않고 수없이 많은 반복 훈련을 통해 상반신만으로 산을 오를 수 있는 몸을 만들었지요. 그리고는 다시 등반 계획을 세우고 철저하게 준비했어요. 다시 엘 카피탕 등반에 나선 그는 친구가 암벽에 걸어준 로프를 잡고 1천 미터의 암벽을 오르기 시작했어요. 오직 팔의 힘으로만 암벽을 오른 것이지요. 그는 9일 동안 한 번에 15센티미터씩 7천 번을 당겨 암벽 정상에 올랐습니다. 암벽 등반 성공 후 그는 이렇게 말했답니다.

"계속 15센티미터씩만 앞으로 나아가겠다고 결심한다면
세상에서 이루지 못할 일은 없습니다."

끈기를 가지세요.
조금씩, 그러나 꾸준히 하다 보면 세상에 이루지 못할 일이 없지요.
이번에는 산술적으로 이야기해줄게요.

A.M. 1:00

상반신 만으로 1천미터 암벽에 오르다

산술적으로 설명해 주시겠다고요?
저는 숫자에 약한데… ㅠㅠ

네.
이런 꾸준함의 위력을 산술적으로 계산한 사람이 있어요.
세계적으로 유명한 자기 계발 강사 브라이언 트레이시 입니다.

그가 '1,000% 공식'이라는 것을 만들었는데, 이것은 무슨 일이든 한꺼번에 이루기는 어렵지만 조금씩 하다 보면 무슨 일이든 할 수 있다는 것이에요. 점진적인 향상의 법칙과 같아요. 1,000% 공식의 아이디어는 복리 개념과 비슷해요. 별것 아닌 것처럼 보이지만 매일 0.1%씩 자신의 성과를 향상시킨다면 1주일이 지나면 0.5%, 4주가 지나면 2%, 1년이면 26%가 향상된다는 것이죠. 그리고 매년 26%씩 10년 동안 계속한다면 처음 시작할 때에 비해서 무려 1,000%(복리로 정확히 계산하면 1,008%가 된다)라는 엄청난 성과를 창출할 수 있다는 얘기예요. 어때요. 놀랍지요?

사과를 하루에 1,000개씩 팔던 과일 판매상이
하루에 1개씩만 더 팔기 위해 노력한다면,
10년 후에는 사과의 하루 매출이 10,000개에 이른다는 말이죠.
10배를 더 팔 수 있어요.

이것이 바로 꾸준함이 가져다 주는 힘이죠.

A.M. 1:00

사과를
하루에
10,000개
파는 상인

집념

매일 0.1%씩 향상시키는 것은
쉬울 것 같은데요…
문제는 10년이군요.

맞아요. 집념 없이는 불가능한 일이지요.
집념이라고 하니, 멕시코의 타라후마라 부족이 떠오르네요.

멕시코 중서부 시에라 협곡에는 타라후마라 부족이 살고 있는데요. 미국의 그랜드캐니언에 비할 만큼 험준한 협곡에 사는 이 부족은 인류학자들의 연구 대상이었지요. 그들은 이동할 때 절대 말이나 당나귀를 타지 않고 항상 걷거나 뛰기 때문이었다고 해요. 덕분에 달리기를 잘하는 부족으로 명성이 자자했죠. 이들이 걷거나 뛰기만을 고집하는 이유는 그들의 독특한 사냥 방식 때문이었어요. 그들은 사슴을 사냥할 때 무조건 쫓아가 잡는답니다. 달리기로 사슴을 잡는다니, 그곳에 사는 사슴은 사람보다도 늦게 달릴까요? 아니에요. 달리기 실력으로 따지면 사슴이 한 수 위지요. 하지만 오래 달리기로 하면 사정이 달라져요. 그들은 사냥하고자 하는 사슴을 찍으면 그 사슴이 지쳐 쓰러질 때까지 쫓아간다고 해요. 이 부족은 사슴이 시야에서 재빠르게 사라져도 걱정하지 않는답니다. 발자국을 찾아내 끝까지 추격하기 때문이지요.

이렇게 쫓아가면 대개 사슴들은 꼬박 하루 정도 달리다가 결국 잡힌답니다. 지치기도 하지만 발굽이 완전히 닳아 뛰지를 못한다는 거예요. 아주 지독한 사냥 법이지요. 시베리아 가나산족도 순록을 잡을 때 이런 지독한 사냥 법을 사용한다고 해요.

이런 집념.
끝까지 포기하지 않는 집념.
이것만 있다면 세상에 이루지 못할 일은 없습니다.

A.M. 1:00

끝까지 포기하지 말아라!
자신의 길을 가라!!
아자!!!

네.
꾸준히 자신의 길을 걷는 거지요.
때로는 미련해 보이더라도 곁눈질하지 말고 끈질기게 밀고 나가야 해요.
하지만, 그게 말처럼 쉬운 일은 아니지요. 어느 학교에서 있었던 일이예요.

선생님이 교탁 앞에 서서 질문을 했답니다. "여러분 1 더하기 3은 뭐죠?" 맨 뒷줄에 앉은 철수는 한 치의 머뭇거림도 없이 마음속으로 대답했지요. '쳇! 4잖아. 뭐야? 우릴 바보로 아나?' 선생님은 맨 앞줄에 앉은 선림이에게, 또 두 번째 줄에 앉은 준호에게 답을 물었는데 모두 자신 있는 목소리로 우렁차게 이렇게 답하는 거예요. "네, 5입니다!" 어이가 없는 철수는 속으로 외쳤어요. '답은 4야! 너희들 바보 아냐?' 선생님이 이번에는 세 번째 줄에 앉아 있는 병철이에게 물었고, 병철이도 역시 똑같은 답을 말했어요. 병철이까지 5라고 대답하자 철수 속으로 생각했어. '왜 그러지? 혹시 내가 잘못 알고 있나? 이상하다? 답은 4인데?' 선생님이 다시 네 번째 줄에 앉은 정한이에게 물었답니다. 그런데 똘똘한 아이로 소문난 정한이도 역시 5라고 답하는 거예요. 정한이마저 5라고 답하는 걸 들은 철수는 속으로 생각했지요. '5가 맞…나?' 선생님은 마지막으로 철수에게 답을 물었어요. 지목 받은 철수는 우물우물 일어나서 모기만 한 목소리로 이렇게 답했다고 해요.

"5인가요?"

우스개 소리이지만, 주위의 의견에 휘둘리지 않기란 쉽지 않은 일이지요.
설토님, 힘들게 여기까지 왔으니,
자신의 길을 꾸준히 걸어가세요.

A.M. 1:00

그래요.
65세에 새로운 사업을 시작한 사람도 있어요.

미국에서 살던 그는 빈털터리에다 혈혈단신이었고, 그가 받은 첫 사회보장연금은 고작 105달러에 불과했지요. 하지만 그는 사회를 원망하지 않았어요. 그 대신 자신의 장점이 무엇인지를 생각하기 시작했어요. "흠, 사람들이 내가 만든 닭고기 요리가 맛있다고 그랬어. 그래, 음식점을 찾아가 닭을 제대로 요리하는 법을 직접 보여주면 어떨까? 맛이 좋아서 손님이 많이 오고 닭 요리 매출이 늘어나면 수입의 일부를 받을 수도 있을 거야." 그는 곧장 그 생각을 행동에 옮겼지요. 그는 음식점을 찾아 다니며 주인에게 자기 생각을 말했답니다. "맛이 기가 막힌 닭튀김 요리법이 있습니다. 이 방법으로 닭튀김 요리를 하면 장사가 잘 될 겁니다. 그러면 제게 수입 중 일부를 떼어 주십시오." 그러나 그가 만난 대부분의 사람들은 바로 코 앞에서 그를 비웃었지요.

원하는 답을 얻기까지 그는 몇 번이나 거절당했을까요?
무려 1,009번 이었습니다.

그리고 나서야 그의 제안에 고개를 끄덕이는 음식점 주인을 만날 수 있었답니다. 그 사람이 누구냐고요?

바로 KFC의 창업자 커넬 샌더스이지요.

설토님 몇 살이죠?

A.M. 1:00

1009번 거절당한 KFC 창업자 커넬 샌더스

솔개님. 이제 어떻게 해야 꿈을 이룰 수 있는지 알았어요~
그 동안 제가 너무 겁이 많았죠? 이제 자신감이 생겼어요.
솔개님~ 유명한 여행 작가 사인 미리 받아 놓으실래요?? ㅋㅋ

한 경영컨설턴트가 유명한 대기업 직원들을 대상으로 교육을 하면서 다음과 같은 질문을 던졌습니다. "여러분에게 새로운 목표가 생겼다고 합시다. 내일 바로 시작하는 사람과 일주일 뒤에 시작하는 사람 중 어떤 사람이 더 성공할 가능성이 높을까요?" 예상한 대로 모두가 전자라고 대답했지요. 그런데 맨 앞에 앉아 있던 한 사람이 불쑥 일어나더니 큰 목소리로 이렇게 말했답니다.

"왜 내일 시작합니까? 저 같으면 지금 바로 시작하겠습니다."

모두의 이목을 집중시킨 사람은 다름 아닌 그 기업의 CEO였답니다.

내 그 동안 설토님께 무수히 많은 이야기를 했는데 또 무슨 말을 더 할까요.
이것이 설토님께 드리는 내 마지막 말이에요.

"Do it now!"

Do it now!

솔개님, 그 동안 고마웠어요.
솔개님이 없었다면 저는 지금쯤 어찌 되었을지...
이 은혜를 어떻게 갚아야 할지 모르겠군요.
저는 이제 인도로 떠납니다.
훌륭한 여행작가가 되어서 돌아올게요~~

설토님, 나도 즐거웠어요.
설토님 덕분에 나 자신을
돌아볼 기회를 가질 수도 있었구요.
인도 에세이를 쓰고 난 후에는,
설토님의 성공 스토리를 써나가기 바랍니다.

A.M. 1:00

자신의
성공스토리를
써라

곽숙철

생면부지의 사람들이 블로그라는 공간에서 우연히 만나 특별한 방식으로 책을 만들었습니다. 이노스토리멘토 '솔개', 일러스트레이터 '설레다', 출판사 대표 '인형', 극단 대표이자 스토리텔러인 '푸빗', 이 네 사람이 블로그 이웃이라는 인연으로 만나 협업 프로젝트를 진행한 것입니다. 우리는 이 프로젝트를 '3D 프로젝트'라고 명명했습니다. 'Dream Team'이 'Dream Cafe'에서 만나 'Dream Book'을 만든다는 뜻입니다. 그래서인지 우리는 만날 때마다 솟아나는 새로운 아이디어에 신이 났으며, 그 아이디어로 꿈을 엮어가며 즐거웠고, 그 꿈을 함께 나누며 행복했습니다.

이렇게 해서 '인사이트가 담긴 짧은 이야기, 단순 나열이 아닌 잘 엮어진 이야기, 거기에 감성적인 일러스트가 더해진, 그래서 독자의 머리가 아니라 가슴을 파고드는 책'이라는 'Dream Book'의 콘셉트가 만들어졌고, 8개월 동안의 협업을 통해 마침내 이런 모습으로 탄생했습니다.

책 속의 설토가 우연히 멘토 솔개를 만나 잃어버린 꿈을 찾아가듯이, 블로그를 통해 우연히 만난 우리들이 'Dream Book'의 꿈을 엮어왔듯이, 우연히 이 책을 만난 여러분의 삶의 밭에도 행복한 성공의 씨앗이 싹트기를 소망합니다.
3D 프로젝트의 진행 내용은 솔개 블로그 http://ksc12545.blog.me 의 '3D 프로젝트'라는 카테고리에서 확인할 수 있습니다.

설레다

모두가 자신을 리더이자 표본이라고 외치는 세계. 자신이 정답이니 시키는 대로 한다면 젖과 꿀이 넘치는 성공을 맛볼 것이라고 외치는 세계. 자기계발서의 세계는 제게 그런 곳이었습니다. 이 책을 함께 만들어가는 분들 모두 힘주어 말했습니다.

"진짜 성공 이야기를 써봅시다. 자기 행복을 찾아가는 그런 성공이야기를…
재미있고, 따뜻하고, 갖고 싶게끔!"

그러나 이 책은 제게 굉장히 까다롭고 어려웠던 숙제였습니다. 이글루 안에 온천탕을 만들어야 하는 상황이었지요. 이글루의 냉기에 모든 것이 얼어 붙을 때도 부지기수, 온천탕에 이글루가 녹아 내리는 일도 수 없이 많았습니다.

그렇게 시행착오를 반복해가면서 결국 숙제를 해결했습니다. 이렇게 책이 나왔으니까요. 홀가분한 마음으로 이 책을 만나고 있을 당신을 생각해봅니다. 모든 이야기가 당신에게 닿기를 바라며 만들어진 만큼 책을 만드는 동안 기대도 많이 생겼습니다. 그러나 많은 기대를 접어두고 하나만 바란다면 당신의 마음에 단 하나의 이야기라도 좋으니 남아있기를 바래봅니다. 그래서 아무도 위로해주지 않는 날 위로를 받는다거나, 아무도 함께해주지 않는 날 함께 해주는 장면이 이 책에 있기를 바래봅니다.

Have a nice dream!!!

> 에필로그

윤푸빗

여행작가는 언젠가 꼭 해보고 싶은 일 중 하나입니다. 여행 다니는 것을 좋아하고, 또한 그에 대한 글을 쓰는 것도 좋아합니다. 새로운 곳에서 새로운 자극을 통해 마음의 정화를 얻는 것. 작업을 하면서 설토는 자주 내게 말을 걸어왔습니다. 지금 넌 잘 살고 있는 거니? 진정으로 원하는 것은 무엇이지? 일상생활을 살아가는 모든 사람들이 이 책을 통해 여행을 다녀온 듯 마음의 정화를 경험하기를 바라면서 작업을 진행했습니다.

헬로 멘토 감성이 있는 행복한 성공이야기

글 곽숙철
그림 설레다
스토리텔링 윤푸빗

초판 1쇄 발행 2011년 3월 31일
초판 4쇄 발행 2013년 4월 15일

발행인 장인형
디자인 노영현

펴낸곳 틔움출판
출판등록 제313-2010-141호
주소 서울시 마포구 서교동 441-13 호원빌딩 4층
전화 02-6409-9585 **팩스** 0505-508-0248
홈페이지 www.tiumbooks.com

한국어출판권 © 틔움출판 2010
ISBN 978-89-964965-3-3 13320

- 이 도서의 국립중앙도서관 출판시도서목록(CIP)은
  e-CIP 홈페이지(http://www.nl.go.kr/ecip/)에서 이용하실 수 있습니다.
  (CIP 제어번호: CIP2011000927)
- 잘못된 책은 바꿔드립니다.